自动驾驶应用场景与商业化路径

主　编　张永伟

参　编　朱　晋　朱　雷　晋一宁　徐名赫　刘秀峰　王亚文
　　　　张思远　吴依静　张　强　曾　晶　唐沛祥　桂艳琳
　　　　郑方丹　富源振　滕学蓓　胡剑平　郝峥嵘　区锦燕

机械工业出版社

本书主要内容包括三个部分：第一部分，介绍了中国自动驾驶发展的背景，并按照不同应用场景对自动驾驶商业化应用进行了研究分析；第二部分，对无人出租车、干线物流、无人公交、封闭园区物流、无人环卫、无人配送、自主代客泊车等场景的应用进行了介绍，结合国外监管，对国内各场景商业化面临的挑战进行了分析，并给出相关建议；第三部分，对自动驾驶场景落地进行了总结，阐述了未来自动驾驶对汽车产业变化的影响。

本书适合汽车及相关行业的管理者、技术开发人员、产业投资人员、战略研究人员阅读，也适合对自动驾驶、智慧交通感兴趣的读者阅读参考。

图书在版编目（CIP）数据

自动驾驶应用场景与商业化路径／张永伟主编. —北京：机械工业出版社，2020.10
ISBN 978-7-111-66491-8

Ⅰ.①自… Ⅱ.①张… Ⅲ.①汽车驾驶-自动驾驶系统-研究 Ⅳ.①U463.61

中国版本图书馆 CIP 数据核字（2020）第 169573 号

机械工业出版社（北京市百万庄大街 22 号　邮政编码 100037）
策划编辑：赵海青　　　　　责任编辑：赵海青
责任校对：高亚苗　　　　　责任印制：张　博
北京宝隆世纪印刷有限公司印刷

2021 年 1 月第 1 版·第 1 次印刷
169mm×239mm・11.75 印张・1 插页・158 千字
标准书号：ISBN 978-7-111-66491-8
定价：89.00 元

电话服务　　　　　　　　　　网络服务
客服电话：010-88361066　　　机　工　官　网：www.cmpbook.com
　　　　　010-88379833　　　机　工　官　博：weibo.com/cmp1952
　　　　　010-68326294　　　金　书　网：www.golden-book.com
封底无防伪标均为盗版　　　　机工教育服务网：www.cmpedu.com

《自动驾驶应用场景与商业化路径》

课题组

课题负责人

张永伟　中国电动汽车百人会副理事长、秘书长兼首席专家

成员（排名不分先后）

朱　晋　朱　雷　晋一宁　刘秀峰　徐名赫　张　强

张思远　吴依静　王亚文　曾　晶　唐沛祥　桂艳琳

郝峥嵘　区锦燕　郑方丹　富源振　滕学蓓　胡剑平

Foreword
前　言 >>>

自动驾驶是汽车产业与人工智能、高性能计算、大数据、物联网等新一代信息技术以及交通出行、城市管理等多领域深度融合的产物，对降低交通拥堵、事故率，帮助城市构建安全、高效的未来出行结构，对汽车产业变革，以及城市交通规划具有深远的影响。

随着环境感知、多传感器融合、智能决策、控制与执行系统、高精度地图与定位等核心技术的快速发展与成熟，自动驾驶汽车已经从实验室走向公共道路实地测试及商业化示范的阶段。围绕自动驾驶在出行服务、干线物流、封闭园区物流、公交巴士、末端配送、市政环卫、自动泊车等场景的测试、示范及进一步商业化应用也存在着一些值得思考的问题：自动驾驶到底哪些场景先落地；监管部门如何实施开展相关的管理监督，才能让自动驾驶在应用中更加安全、高效；自动驾驶商业化发展的方向如何；未来自动驾驶将会带来哪些社会性影响，大规模商业化应用需要哪些条件；对法律法规带来什么样的挑战等。

基于上述问题，本书通过多方调研、咨询、讨论，从不同场景角度对国内外产业发展现状、面临的问题及政策建议进行分析研究，主要包括三个部分的内容。

自动驾驶应用场景与商业化路径

第一部分，介绍了中国自动驾驶发展的背景，并按照不同应用场景对自动驾驶商业化应用进行了研究分析。目前，国内外已经开展了不同程度的自动驾驶商业化示范，一方面，掌握有核心技术的企业选择在特定领域展开试运营服务；另一方面，一些国家或城市提出支持政策，准许企业开展自动驾驶商业化应用部署。第二部分，对无人出租车、干线物流、无人公交、封闭园区物流、无人环卫、无人配送、自主代客泊车等场景的应用进行了介绍，结合国外监管，对国内各场景商业化面临的挑战进行了分析，并给出相关建议。第三部分，对自动驾驶场景落地进行了总结，阐述了未来自动驾驶对汽车产业变化的影响。

北京图森未来科技有限公司、赢彻科技（上海）有限公司、北京小马智行科技有限公司、深圳市海梁科技有限公司、广州文远知行科技有限公司等单位，对本书的编写给予了有力的支持，在此致以诚挚的谢意！

由于编者水平有限，书中出现的错误和不足，敬请读者批评指正。

Contents

目　录

前言

第一章 ... 001
中国自动驾驶发展的背景与进程

一　发展背景 ... 001
　　（一）加速推动中国汽车强国建设 ... 001
　　（二）自动驾驶涉及的跨界行业是中国优势产业 ... 002
　　（三）广阔的市场空间为多元自动驾驶技术提供平台 ... 003
　　（四）对新技术监管边界模糊 ... 005

二　自动驾驶商业化已提上日程 ... 005

第二章 ... 010
无人出租车

一　无人出租车场景 ... 010
　　（一）出租车场景特点 ... 010
　　（二）自动驾驶带来价值 ... 013

二　全球应用现状 ... 017
　　（一）重点企业应用现状 ... 017
　　（二）重点国家管理模式 ... 020

三　国内产业发展 ... 021
　　（一）国内产业基础 ... 021
　　（二）国内商业化进程 ... 022
　　（三）国内商业化趋势 ... 024

四　挑战及建议 ... 027
　　（一）挑战 ... 027
　　（二）建议 ... 029

自动驾驶
应用场景与商业化路径

第三章 ... 031
干线物流

第四章 ... 049
末端物流

一 无人干线物流场景	... 031
（一）干线物流场景特点	... 031
（二）自动驾驶带来价值	... 035

二 全球应用现状	... 036
（一）重点企业应用现状	... 036
（二）重点国家管理模式	... 039

三 国内产业发展	... 042
（一）国内产业基础	... 042
（二）国内商业化进程	... 043
（三）国内商业化趋势	... 045

四 挑战及建议	... 046
（一）挑战	... 046
（二）建议	... 047

一 无人末端物流场景	... 049
（一）末端物流场景特点	... 049
（二）自动驾驶带来价值	... 054

二 全球应用现状	... 056
（一）重点企业应用现状	... 056
（二）重点国家管理模式	... 065

三 国内产业发展	... 071
（一）国内产业基础	... 071
（二）国内商业化进程	... 076
（三）国内商业化趋势	... 080

四 挑战及建议	... 081
（一）挑战	... 081
（二）建议	... 084

Contents

>>
第五章 ... 088
无人公交

>>
第六章 ... 100
封闭园区物流

一	无人公交场景	... 088
	（一）公交场景特点	... 088
	（二）自动驾驶带来价值	... 089

二	全球应用现状	... 089
	（一）重点企业应用现状	... 089
	（二）重点国家管理模式	... 091

三	国内产业发展	... 092
	（一）国内产业基础	... 092
	（二）国内商业化进程	... 095
	（三）国内商业化趋势	... 097

四	挑战及建议	... 097
	（一）挑战	... 097
	（二）建议	... 098

一	封闭园区物流场景	... 100
	（一）园区物流场景特点	... 100
	（二）自动驾驶带来价值	... 102

二	全球应用现状	... 103
	（一）重点企业应用现状	... 103
	（二）重点国家管理模式	... 107

三	国内产业发展	... 109
	（一）国内产业基础	... 109
	（二）国内商业化进程	... 110
	（三）国内商业化趋势	... 111

四	挑战及建议	... 114
	（一）挑战	... 114
	（二）建议	... 115

自动驾驶
应用场景与
商业化路径

第七章 ... 117
无人环卫

第八章 ... 135
无人农机

一 **无人环卫场景** ... 117
　（一）无人环卫场景特点 ... 117
　（二）自动驾驶带来价值 ... 120

二 **全球应用现状** ... 123
　（一）国外应用现状 ... 123
　（二）国内应用现状 ... 124

三 **国内产业发展** ... 126
　（一）国内产业基础 ... 126
　（二）国内量产的规模效益 ... 129
　（三）国内商业模式化趋势 ... 130

四 **挑战及建议** ... 131
　（一）挑战 ... 131
　（二）建议 ... 133

一 **无人农机场景** ... 135
　（一）农用机械场景特点 ... 135
　（二）自动驾驶带来价值 ... 137

二 **全球应用现状** ... 138
　（一）国外应用现状 ... 138
　（二）国内应用现状 ... 140

三 **国内产业发展** ... 144

四 **挑战及建议** ... 146
　（一）挑战 ... 146
　（二）建议 ... 149

Contents

>> **第九章** ... 150
自主代客泊车

>> **第十章** ... 169
总结与展望

一 **自主代客泊车发展背景** ... 150
　（一）国家推进智慧停车场建设 ... 150
　（二）城市停车困难依然普遍 ... 153

二 **自主代客泊车场景价值** ... 155
　（一）自动驾驶与智慧停车协同 ... 155
　（二）自主代客泊车落地价值 ... 157

三 **国内产业发展** ... 159
　（一）国内发展基础 ... 159
　（二）国内商业化现状 ... 159
　（三）国内商业化趋势 ... 162

四 **挑战及建议** ... 165
　（一）挑战 ... 165
　（二）建议 ... 166

一 **总结** ... 169
　（一）无人出租车 ... 169
　（二）干线物流 ... 170
　（三）末端配送 ... 171
　（四）无人环卫 ... 171
　（五）无人公交 ... 171
　（六）封闭场景物流 ... 172
　（七）无人农机 ... 172
　（八）自主代客泊车 ... 173

二 **展望** ... 173
　（一）汽车成为智能移动终端 ... 173
　（二）汽车产业生态迎来重构 ... 174
　（三）生产方式向智能制造转变 ... 175
　（四）未来出行以共享方式为主 ... 177
　（五）产业生态位将发生变化 ... 177

第一章
中国自动驾驶发展的背景与进程

一、发展背景

（一）加速推动中国汽车强国建设

汽车产业是中国建设制造强国的重要支撑，是国民经济的重要支柱。中国应抓住每一次汽车产业变革的机遇，以提升汽车研发生产能力，这在新能源汽车产业已获得显著成效。

自动驾驶成为中国由汽车大国迈向汽车强国的新机遇。中国历来重视汽车产业的发展，努力提升整车研发能力，汽车研发生产能力稳步提高，国际化发展能力逐步提升。当前，新能源汽车发展取得重大进展，自主品牌市场份额逐渐提高，产业体系较为完备，各环节均已实现国产化，已由培育期进入成长期。

当前，支撑汽车智能化、网联化发展的信息技术产业实力不断增强，互联网产业在全球具有一定优势，北斗卫星导航系统已经实现全球组网，使得我国在信息通信领域技术和标准的国际话语权大幅提高。自动驾驶有望成为汽车产业抢占先机、赶超发展的重要突破口。

（二）自动驾驶涉及的跨界行业是中国优势产业

随着信息通信、互联网、大数据、云计算、人工智能等新技术在汽车领域的广泛应用，汽车正加速由出行工具向智能终端转变。互联网等新兴科技企业大举进入汽车行业，传统行业巨头和新兴创新企业强强联合、优势互补，成为中国发展自动驾驶汽车的优势所在。

在网络通信方面，其快速发展为自动驾驶发展积蓄了重要力量。互联网、信息通信等领域涌现一批世界级领军企业，阿里、腾讯等企业进入2018年全球互联网企业市值前十，华为已进入世界通信设备制造商第一阵营，在C-V2X、大数据、云计算、物联网操作系统等领域都有极强的竞争力，对中国的自动驾驶产业起到较大的拉动作用。

在人工智能方面，基于深度学习、神经网络等学科优势，基于大数据优势迭代算法，不断升级汽车智能化应用场景。截至2018年，中国拥有3341家人工智能企业，全球第二；从2011年起，中国成为第一大人工智能专利申请国，2018年专利总数为68467件，约为美国的2.27倍。2009~2018年人工智能领域专利申请情况见图1-1。人工智能技术的进步为自动驾驶发展提供了有力支持。

在产业链完整方面，多年的汽车制造技术积累使中国拥有完整成熟的汽车全产业链；互联网科技企业的迅速发展为自动驾驶大数据、软件算法提供了丰富的经验；传统通信行业积累促进了网联化技术发展，可支持车路云通信，使网联化自动驾驶成为可能。

图 1-1　2009~2018 年人工智能领域专利申请情况

注：数据来源于《全球人工智能发展报告（2018）》，乌镇智库。

（三）广阔的市场空间为多元自动驾驶技术提供平台

中国有着世界最大的汽车市场规模、较高的自动驾驶民众接受度，以及多样的应用场景，这为自动驾驶技术提供了良好的发展空间。

1）汽车市场空间大。随着新型工业化和城镇化的加快推进，中国已经连续十年成为世界最大汽车消费市场，中国 2014~2018 年汽车年销量见图 1-2。2018 年中国汽车年销量超过 2800 万辆，同时消费者购买需求保持平稳增长。

2）自动驾驶民众接受度高。人民群众日益增长的汽车多元化、个性化消费需求也为自动驾驶汽车的发展提供了广阔空间，中国消费者对于智能网联汽车的接受度见图 1-3，中国消费者对于自动驾驶汽车的接受程度在全球排名第一。

3）落地场景丰富。中国有数百万千米的道路总里程，拥有高速公路、城市道路、停车场、停车库等多种场景，具备港口码头、矿区驾驶、园区摆渡、物流配送等多样需求，为发展多元自动驾驶技术提供了丰富的应用场景和发展土壤。

图 1-2　中国 2014~2018 年汽车年销量

注：数据来源于公安部交管局。

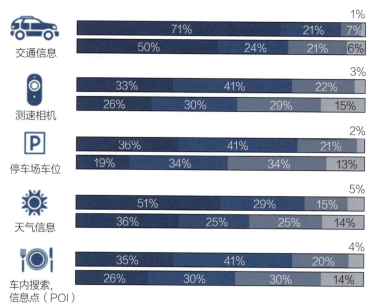

图 1-3　中国消费者对于智能联网汽车的接受度

注：数据来源于《伸手触摸未来：埃森哲联网汽车方案》。

（四）对新技术监管边界模糊

我国对新技术一直保持包容态度。如企业自动驾驶的数据收集，尚没有明确而完善的管理体制，存在灰色地带，在一定程度上有利于自动驾驶等新技术的发展。但对于高精度地图、自动驾驶测试，我国有着严格谨慎的管理规定，限制了自动驾驶的商业化落地进程。

1）监管宽松部分。①在测试方面，尽管进行自动驾驶公开道路测试需要测试牌照，但多数本土企业也会私下在办公园区、公开道路上进行测试，验证自动驾驶功能；②在数据收集方面，对于公众隐私缺乏完善的管理体制和法规要求，各公司广泛采集数据进行自动驾驶算法迭代。

2）监管严格部分。①在高精度地图方面，由于地图数据涉及国家机密，在对图商资质申请、地图数据加密、地图出版审核等方面有严格的规定；②在公开道路测试方面，企业需申请测试资质，进行大量封闭道路测试。取得测试资质也只能在部分指定公开道路进行测试，缺失有商业价值道路内容，限制了自动驾驶的商业化落地进程。

二 自动驾驶商业化已提上日程

目前，国内外已经开展了不同程度的自动驾驶商业化示范。一方面是掌握有核心技术的企业，选择在特定领域展开试运营服务；另一方面，一些国家或城市提出支持政策，准许企业开展自动驾驶商业化应用的部署，加快了自动驾驶产业发展，提升了商业化应用的日程。

企业方面，比如 Waymo、优步、nuTonomy、WeRide.ai 等企业已经开展自动驾驶网约车的试运营服务，其中，Waymo 开始尝试向乘客收取费用。来自法国的 Navya 及 EasyMile 公司则是推出自动驾驶公共汽车，并在全球多个城市启动了相应的试运营计划。中国初创公司图森未来、主线科技将自动驾驶汽车的应用场景选择在港口物流方面，并纷纷与国内的港口建立合作展开试运营工作（详见后文分析）。

除了企业之外，也有部分国家及城市对自动驾驶商业化展开了相应的布局（表1-1）。比如，美国在联邦层面出台自动驾驶政策，对自动驾驶的安全设计、开发、测试和应用等提出制度框架，为各州推动自动驾驶提供了指导，如加利福尼亚州、内华达州已经进行了相关立法，准许企业申请开展自动驾驶运营服务。日本提出自动驾驶汽车商用化时间表，制订关于自动驾驶战略革新创造的研究计划以具体落实自动驾驶汽车[一]。新加坡交通部表示，该国计划从 2022 年起，在三个不同地区运行自动驾驶公共汽车，以提供更优质便捷的公共交通服务[二]。

表1-1 国家/地区自动驾驶商业化应用情况

国家/地区	进展与规划
日本	2017 年 6 月，日本发布了一份政府战略评估报告，指出日本计划自 2018 年开始在公开道路测试自动驾驶技术，并计划在 2020 年东京奥运会上推出自动驾驶服务，同时表示，将尽力在 2022 年前实现自动驾驶商业化。丰田作为赞助商之一，将在 2020 年奥运会中提供人工智能系统、自动驾驶技术、福祉车、专用出租车 JPN TAXI，以及包括站立式平衡车和 TOYOTA i-ROAD 小型移动工具等多项服务

[一] 源自中国汽车工程学会，天津智能网联汽车产业研究院撰写的《中国智能网联汽车产业发展报告（2018）》。

[二] 源自新华社《为改善交通. 新加坡拟 2022 年部署自动驾驶公交车》http://www.xinhuanet.com//auto/2017-11/24/c_1122003091.htm。

（续）

国家/地区	进展与规划
新加坡	计划从 2022 年起，在三个不同地区运行自动驾驶公共汽车，以提供更优质便捷的公共交通服务。自动驾驶公共汽车作为对公共交通的补充，最初将在交通流量较低的区域道路上运行，并允许乘客通过手机来呼叫服务
美国加利福尼亚州	2018 年 2 月，加州车辆管理所（DMV）出台自动驾驶汽车新规定，准许各企业向 DMV 申请开展自动驾驶部署的许可
美国亚利桑那州	2015 年，州长道格·迪赛签署了一项准许自动驾驶汽车上路的行政令，要求各政府部门"采取一切必要措施，对上路测试和运营的自动驾驶汽车提供支持"。开放的政策环境带来很好的吸引作用，如 Waymo、优步等均选择在此开展商业化试运营

另外，在车路协同的发展思路下，中国自动驾驶汽车的发展将会与城市内的智能化基础设施、智慧交通平台进行协同，自动驾驶汽车将会成为未来交通出行体系中的重要组成部分。目前，国内部分城市基于自动驾驶汽车已经展开了城市级智慧交通系统的构建工作（表 1-2）。

表 1-2 国内部分城市智慧交通系统建设情况

地　　区	进展与规划
杭州云栖小镇	2016 年 7 月，云栖小镇初步建成了 5G 车联网应用示范项目，由中国移动布设了 34 个 LTE-V 路面站点，全程布设高清摄像头，实现了基于 LTE-V 车联网标准的智能汽车的车-车、车-路信息交互场景，使得路上的一切都可以实时传输到指挥中心，并反馈到车端
杭州（城市大脑）	阿里云 ET 城市大脑具有即时、全量、全网、全视频四个方面的核心能力，可用于城市交通的治理，搭建智慧交通平台。目前，城市大脑在全球范围内已有杭州、衢州、乌镇、苏州、重庆、澳门、吉隆坡等 11 个城市先后落地。未来，城市大脑还将向医疗、城管、环境、旅游、平安、民生等七大领域拓展，从智能交通管理全面升级为整个城市的人工智能中枢，并向生态全面开放平台的 AI 能力

（续）

地　　区	进展与规划
桐乡乌镇	2016年11月，以乌镇为核心的5G车联网示范项目的一期成果也已进入了全面试运行阶段，不仅构建了以视频技术为核心的透明示范路，还搭建了4G+的宽带移动测试网络，并完成多项辅助驾驶和自动驾驶的研究与测试。同时还推出了智能化停车应用，利用密集式停放的方式，将停车位提高40%以上。在2016年11月世界互联网大会期间，18辆百度无人车在桐乡市子夜路智能汽车和智慧交通示范区内首次进行开放城市道路运营
无锡	2017年9月，由公安部、工信部和江苏省共同建设的国家智能交通综合测试基地在无锡揭牌。基地将打造智能交通管理技术综合测试平台、交通警察实训平台与智能网联汽车运行安全测试平台三大平台，实现智能交通管理技术和产品的综合测试、新技术新产品的验证示范，保障公安交警业务和技能实训，并推动智能网联汽车测试技术标准体系研究，实现智能网联汽车运行安全技术测试认证

在未来出行的趋势下，自动驾驶商业化应用的商业模式将迎来创新发展。具有整车量产能力的整车企业将联合提供雷达、摄像头、芯片等关键硬件的供应商以及掌握人工智能算法、多传感器融合等技术，具有自动驾驶决策规划能力的整体解决方案提供商，共同开发具有商业化应用的自动驾驶产品自动驾驶商业化合作模式见图1-4。由整车企业负责自动驾驶汽车的量产，由解决方案提供商提供技术服务，由服务运营商搭建大数据平台，负责车队的管理和运营，为终端用户提供服务，在这之中，服务运营商将施行轻资产运营，由金融机构提供车队搭建资金方面的支持。

从技术应用的难易情况以及受法律法规的影响程度来看，自动驾驶商业化应用路径将遵循先封闭后开放、先载货后载人的原则，以此来选择商业化场景，首先应用在限定场景下的封闭或半封闭区域，比如自动泊车、封闭园区内物流运输；其次是干线物流、末端配送、固定线路的环卫领域、公交通勤、网约车等；最后才是私人场景的自动驾驶。结合产业内的相关布局，本书将从不同场景进行逐一分析。

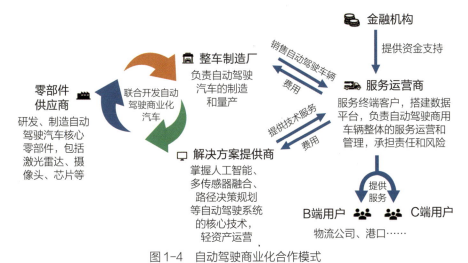

图1-4 自动驾驶商业化合作模式

第二章
无人出租车

一 无人出租车场景

（一）出租车场景特点

城市出行需求上升与劳动力数量下降出现矛盾，行业劳动力出现一定缺口。随着我国城镇人口、人均国内生产总值（GDP）以及公路总里程的持续增长，出行需求也逐年增加（图 2-1）。据德勤预测，2050 年国内出行将达到

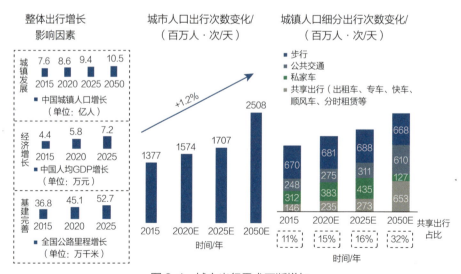

图 2-1 城市出行需求不断增加

注：数据来源于德勤分析。

25亿人·次/天。由于城市车牌限制、停车养车成本增加、公共交通便利性提高等多因素叠加，私家车的出行方式逐步减少，更多人选择公共交通及共享方式出行。从2016年到2019年，网约车用户规模持续增加，部分地区使用率超过三成（图2-2）。预计2020年，出租车、网约车等共享出行将占城镇整体出行的15%，2050年可达1/3左右。同时，出行服务车辆驾驶员将出现一定缺口。以广州为例，目前有数千张出租车牌照未被使用，驾驶员缺口越来越大，已难以在本地招聘到驾驶员，多在湖南、河南等外地招聘。随着适龄劳动力人口数量不断下降，共享出行需求与劳动力供给间的矛盾越来越突出，或将阻碍行业发展。

图2-2　2016年6月~2019年6月网约专车或快车用户规模及使用率
注：数据来源于CNNIC中国互联网络发展状况统计调查。

一方面，出行服务人力成本逐年提高，加重了企业运营负担与用户出行成本。全国交通运输、仓储和邮政业城镇单位平均工资从2015年的6.8万元/年增加到2018年的8.8万元/年（图2-3），涨幅达到30%，加重了企业负担。另一方面，网约车企业为维护平台竞争力对驾驶员进行补贴。滴滴称2018年亏损109亿元，全年给驾驶员的补贴高达113亿元。在用户共享出行付费中，驾驶员人力费用占到了一半以上。现阶段，国内一线城市出租车价格为 2.6~3.2 元/千米，其中驾驶员成本占 50%。滴滴网约车平台上的单个订单用户付费中，约八成为驾驶员费用，两成为平台费用。若省去人工成本则可大大降低现有出租车和网约车价格，降低用户出行成本。

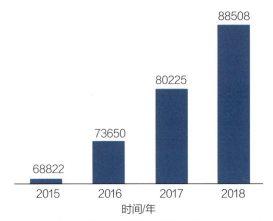

图 2-3 交通运输、仓储和邮政城镇单位就业人员平均工资（元）
注：数据来源于国家统计局。

交通事故量居高不下，多为驾驶员失误造成。随着民众出行次数逐年增加，交通事故量和财产损失也随之增加。2018 年交通事故量总计发生 24 万余起，造成的直接财产损失超过 13 亿元（图 2-4）。持续增加的交通事故成为国民经济、交通事业发展的一大隐患，也直接威胁到民众出行安全。在引发

a）交通事故发生次数总计/起　　b）交通事故直接财产损失总计/万元

图 2-4 交通事故导致的事故发生数和交通事故导致的直接财产损失
注：数据来源于国家统计局。

交通事故的原因中，九成以上交通事故是由人为因素引起的。根据公安部统计，在道路交通事故中有86%为机动车违法造成的交通事故（图2-5）。美国交通部的数据显示，近94%的致命车祸是由于人为失误造成的。人工驾驶员因其注意力分散、未按道路规则行驶、错误路况判断、酒驾等人为因素易导致交通事故，成为传统出行方式的一大痛点。

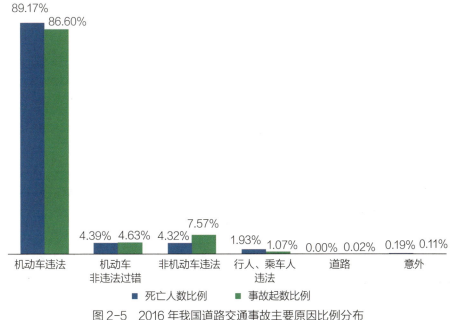

图2-5　2016年我国道路交通事故主要原因比例分布

注：数据来源于《中国公路》。

（二）自动驾驶带来价值

在成本方面，现有自动驾驶与人工驾驶成本基本持平。Robo-taxi是使用自动驾驶技术代替人工驾驶员进行驾驶的出租车服务。受各地政策与技术成熟度约束，目前Robo-taxi需配备安全员，成本高昂。但根据麦肯锡预测，Robo-taxi每千米成本不断下降，与传统出租车成本相比将在2025~2027年之间达到拐点（图2-6）。目前，出租车驾驶员人力成本与自动驾驶改造成本基本持平。以传统燃油车的出租车为例，自动驾驶出租车成本略低；与电动出租车相比，则自动驾驶出租车改造成本需控制在50万元左右，二者基本持平（表2-1）。未来5~10年人力成本将会进一步升高，而自动驾驶系统改造成本会逐渐降低。预计2025年左右，Robo-taxi取消安全员并规模化部署后，其成本优势凸显，将带来出行服务的颠覆。

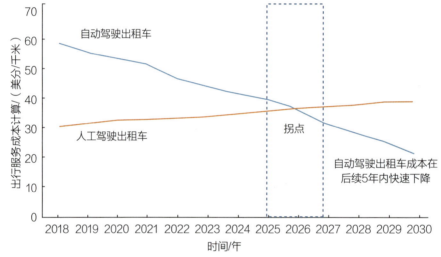

图2-6 自动驾驶出租车预计在2025~2027年之间达到拐点

注：数据来源于麦肯锡分析。基于使用电动汽车的分析；成本包括折旧、驾驶员、维修、保险、燃料费用，但不包括运营管理费用。

表2-1 自动驾驶出租车成本分析

项　　目	有人驾驶出租车	无人驾驶出租车	备　　注
行驶里程	60万千米	60万千米	以现有出租车每天行驶300千米，每月28天，6年报废计算
购车成本	10万元	10万元+10万美元（自动驾驶改造）	汇率按7估算

（续）

项　　目	有人驾驶出租车	无人驾驶出租车	备　　注
燃料成本	30万元（燃油车） 9万元（电动车）	9万元（电动车）	燃油出租车0.5元/千米 电动汽车0.15元/千米
维修保养费用	9.6万元	9.6万元+2.8万元（30%自动驾驶系统维保费用）	维修500元/次，5000千米/次 保养300元/次，5000千米/次
保险费用	6万元	6万元+1.8万元（30%自动驾驶系统保险费用）	每年1万元
驾驶员工资	57.6万元	0	按每月8000元计算
总计成本	113.2万元（燃油车） 92.2万元（电动车）	109.2万元	
平均	1.89元/千米（燃油车） 1.53元/千米（电动车）	1.83元/千米	现有出租车收费约为2.4元/千米

在安全方面，自动驾驶可有效避免人为因素引发事故。自动驾驶出租车可避免人为因素产生的事故风险。人工驾驶员注意力会受各种因素影响而分散，而自动驾驶系统则不存在此情况（图2-7）。通过车路协同技术在人类视觉盲区接收道路信息，或通过激光雷达在光线不佳的情况下"看到"人眼分辨不清的障碍物，提前规划车辆行为决策，避免交通事故。

在环保方面，可减少机动车尾气排放，出行方式更环保。"自动驾驶+共

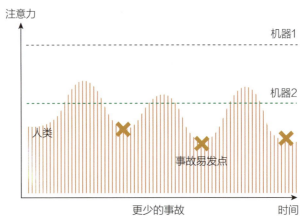

图 2-7 人类注意力与机器注意力示意图

注：数据来源于文远知行。

享出行化"模式推广，可在一定程度缓解环境污染问题。由于自动驾驶出租车的普及率升高及出行成本降低，其特有的便捷性和舒适性将使得用户更多转向共享出行，减少私家车购置量；"自动驾驶+电动化"的发展，可有效降低尾气排放量。电动汽车由电机驱动，电气化程度较高，更适宜自动驾驶技术研发。多数自动驾驶出租车都采用混动或者电动车型，使得出行更环保。自动驾驶出租车车型及动力种类统计见表2-2。

表 2-2 自动驾驶出租车车型及动力种类统计

企业	车型	动力种类
Waymo	菲亚特 Pacifica	混动
	捷豹 I-Pace	电动
Cruise	雪佛兰 bolts	电动
Uber	沃尔沃 XC90	混动
Argo.ai	福特 Fusion	混动
百度	一汽红旗 E-HS3	电动
文远知行	东风日产轩逸	电动

(续)

企业	车型	动力种类
小马智行	丰田 Lexus RX	混动
	广汽 Aion LX	电动
	现代 Kona	电动
AutoX	菲亚特 Pacifica	混动
	比亚迪秦 Pro	电动
滴滴	林肯 MKZ	混动

二、全球应用现状

（一）重点企业应用现状

1）多数企业仍以路测为主，少部分向公众开放。Waymo 于 2018 年开始向早期用户免费开放 Robo-taxi 载人运输服务；2018 年 2 月，Waymo 获得美国亚利桑那州交通部门营运许可，允许其作为运输公司与优步和 Lyft 一样开展载客商业运营。Waymo、Cruise、Pony.ai、AutoX 等自动驾驶企业获加利福尼亚州 DMV 的部署许可证和加州公共事业委员会（CPUC）颁发的载客运输许可，可在加利福尼亚州进行载客运输服务。随着示范运营区域的不断扩大，Robo-taxi 服务逐渐被民众所接受。Waymo 的 Robo-taxi 运营范围从凤凰城扩展到加利福尼亚州南湾，已服务超过 10 万人·次。其中，凤凰城地区月活跃用户有 1500 余人，单日订单量是刚上线时的三倍。另一方面，Robo-taxi 自动驾驶出租车定价约为 2.3 美元/英里（1 英里≈1.6 千米），与优步、Lyft 相近。特斯拉的 Robo-taxi 服务计划在 2020 年或 2021 年上线，车主也可以将个人汽车加入该服务中进行共享。Robo-taxi 作为共享出行方式的一种选择，正逐步被民众所接受。未来，服务里程、时间以及订单供求关系将会是定价的

关键要素,并在商业收费的示范运营中逐步验证。自动驾驶出租车在国外示范运营状况见表 2-3。

表 2-3 自动驾驶出租车在国外示范运营状况

企业	Waymo		Cruise	Lyft	Pony.ai
示范区域	加州南湾	凤凰城	加州、亚利桑那州	拉斯维加斯	加州尔湾
区域范围	—	四个郊区,100 平方英里	—	20 平方英里	—
投放车辆	70 多辆	600 辆	100 多辆	100 多辆	10 辆
启动时间	2019.7	2018.12	2017	2018.5	2019.10
运营时间	7×24 小时	7×24 小时	—	每天两班,每班 10 小时,周一至周日	—
统计周期	2019.11~2020.1	2018.12~2019.12	—	2018.5~2020.2	2019.11~2020.1
服务乘客	17939	—	—	—	5252
日均单数	199 单	—	—	—	58 单
平均每单服务里程	24.6 千米	—	—	—	17.1 千米
订单数	15460	10 万人·次	—	50000 多	—
呼叫方式	Waymo APP	Waymo One APP	Cruise Anywhere APP	Lyft APP	PonyPilot APP
面向对象	Waymo 员工叫车,邀请乘客试乘	全无人驾驶服务只对 early rider program 开放,签署保密协议;自动驾驶服务对公众开放	仅向公司员工开放	向公众开放的收费运营,使用 Lyft 网约车 APP,弹出显示可用的 Robo-taxi	对公众开放,需要下载 APP 并注册

2)研发成本逐年降低,安全性是最大挑战。现阶段,自动驾驶硬件成本在5万美元/车,2025年有望降至5000美元/车。自动驾驶硬件成本最高的核心部件是激光雷达和计算平台。Velodyne的64线激光雷达此前售价在8万美元/颗,2017年谷歌采用的自研激光雷达价格降至7500美元/颗。未来机械式转向固态激光雷达量产后,其成本有望进一步下降至数百美元一台。计算平台由于研发成本高,目前小批量出货价格高昂,大规模使用后研发成本将摊薄,价格预计可下降。自动驾驶传感器硬件成本趋势见表2-4。

表2-4 自动驾驶传感器硬件成本趋势 (单位:美元)

配置	级别/数量	时间		
核心部件配置	L4	2018年	2021年	2025年
摄像头	8	约100	约60	约35
毫米波雷达	2	约110	约90	约70
超声波雷达	12	约15	约12	约10
激光雷达	4	约20000	约3000	约600
全球定位系统(GPS)和惯性测量单元(IMU)	1	约1000	约700	约500
计算平台	1或2	约2500	约1500	约1000
总计成本(每车)		44700	15004	4440

注:资料来源于安信证券研究中心预测。

随着Robo-taxi的规模化,企业研发成本被分摊,软件开发费用将进一步降低。L4级自动驾驶的整体解决方案包含软件、高精度地图、运营平台对接等,非量产情况下整体解决方案成本在每台10万美元左右。随着逐步规模化,软件开发成本将被进一步摊薄。随着自动驾驶应用的逐步放开,技术尚未成熟所带来的安全问题逐渐暴露。近年发生的自动驾驶事故情况见表2-5。特斯拉自动驾驶系统将白色货车误识别为天空,致使车辆驾驶员死亡。优步自动驾驶系统对夜晚横穿马路的行人识别分类不准而发生事故,致使对方死亡。优步也因此暂停了多地的自动驾驶测试。

表 2-5 近年发生的自动驾驶事故情况

时间	公司	概况
2019.12	特斯拉	车主在 Autopilot 状态下照顾后座的狗，追尾一辆警车，无人受伤
2018.5	Waymo	前方车辆突然转向，Waymo 驾驶员主动控制向右避让撞到后车
2018.3	特斯拉	特斯拉 Model X 在 Autopilot 开启状态下撞上路边匝道致驾驶员死亡
2018.3	优步	在亚利桑那州致横穿街道的妇女死亡，调查结果显示系统发现了行人，但判断为误报
2017.12	Cruise	在旧金山路测时与一摩托车发生碰撞致摩托车驾驶员受伤，原因是摩托车驾驶员变道超车
2017.3	优步	对面左拐车辆未给直行的自动驾驶沃尔沃 SUV 让路，自动驾驶车辆发生侧翻
2016.5	特斯拉	Autopilot 未识别出前方横穿马路车辆，导致特斯拉驾驶员身亡
2016.1	特斯拉	特斯拉 Model S 撞上正在作业的道路清扫车致特斯拉驾驶员身亡，特斯拉驾驶员负事故主要责任

（二）重点国家管理模式

美国正从道路测试向商业收费的示范运营推进，逐步被政府和用户所认可。亚利桑那州最早允许开放 Robo-taxi 载人运输，在加州，自动驾驶车辆获得加州 DMV 的部署许可证和 CPUC 颁发的载客运输两种许可后，将被允许载客服务，但不能收取费用。

美欧日等多国允许取消安全员的道路测试。美国方面，亚利桑那州自 2018 年起，车内无安全驾驶员的车辆，只要能够遵守传统驾驶的法律和规则即可在道路测试，无需专门许可；加州 DMV 给 Waymo 和 Nuro 颁发了无驾驶员测试许可证。Waymo 在加州部署了 30 辆无安全员 Robo-taxi，但要求操作员可远程控制及接管车辆以确保安全。在欧洲，荷兰、英国允许无安全员随行的道路测试。荷兰在 2017 年更新自动驾驶道路测试法案，允许在没有人类驾驶员情况下进行测试；英国准许自动驾驶汽车在公共道路上测试，并提出不用坐在驾驶座位的测试操作员的概念，但仍要求能够实时接管汽车。在日本，警察厅先后颁布《自动驾驶汽车道路测试指南》和《远程自动驾驶系统道路测试许可处理基准》，准许企业申请无人在车内的远程测试。

三、国内产业发展

（一）国内产业基础

配套政策逐渐开放，允许自动驾驶出租车载人测试。目前，广州、长沙、上海、武汉、沧州、北京等允许载人测试（表2-6），但对车辆数量、封闭测试里程数量及载客对象提出严格要求。载人测试正逐步向真实场景与商业模式靠近，一方面便于企业迭代自动驾驶技术，优化车辆乘坐体验及人机交互功能，另一方面也起到民众教育的作用，让用户逐步使用和接受自动驾驶出租车，为未来大规模推广做铺垫。允许载人道路测试意味着自动驾驶出租车向商业化又迈进一步。

表2-6 国内六城载人自动驾驶道路测试要求

载人测试城市	最低道路测试累计里程数/万千米	最多申请测试车辆数/辆	载人测试志愿者招募范围	发布时间
北京	10（阶段一）	50（阶段一）	仅限于招募与测试主体签订劳动或者劳务合同的人员（阶段一，后续阶段可面向社会招募）	2019.12.24

（续）

载人测试城市	最低道路测试累计里程数/万千米	最多申请测试车辆数/辆	载人测试志愿者招募范围	发布时间
上海	0.1（单车）	50	可向社会招募，与志愿者签署自愿协议	2019.9.11
广州	1	30	可通过互联网、媒体、手机 APP 等方式招募志愿者	2018.12.25
长沙	2	30	可向社会招募，采取实名制度，同时签订相关责任协议	2019.7.1
沧州	2	30	可向社会招募，并与测试主体签订责任协议	2019.9.29
武汉	0.5（单车）	无	无	2019.9.30

（二）国内商业化进程

现阶段领先企业的示范运营以商业化为主要目的。之前开放道路测试主要针对自动驾驶技术验证，在开放载人测试后，其重点转向商业应用。将自动驾驶出租车作为出行服务提供给民众，验证运营模式及商业模式。百度、文远知行、小马智行、AutoX 等均已在城市的特定区域开展 Robo-taxi 业务。以百度为例，其自动驾驶出租车已面向普通民众开放，使用百度地图或百度APP 进行叫车服务，无需进行额外申请或下载；AutoX 接入高德打车平台，在高德地图 APP 即可进行呼叫，与民众日常出行使用习惯融为一体，形成场景应用闭环。

企业在运营范围、车辆数量、服务对象等分阶段持续扩大规模（表 2-7）。企业不再以"大规模量产"作为目标，由点及面的运营发展成为可行路径。在全国寻找接受度高、开放性强的试点城市部署自动驾驶出租车，在不同道路环境下运营。无人驾驶出租车运营规模的发展见图 2-8。增加车辆规模，扩大服务对象，逐步积累场景数据。AutoX 的试运营范围从深圳扩展到上海，百度也计划在北京、沧州开放运营。

表 2-7　无人驾驶出租车在国内示范运营现状

企业	百度	文远知行	小马智行	AutoX	滴滴
示范区域	长沙湘江新区	广州市黄埔区、广州开发区	广州南沙区	上海	上海
区域范围	130 平方千米	144 平方千米	200 平方千米	未公布	—
投放车辆	45 辆	20 多辆（至 2019.12）	50 辆	一期 30 辆	计划投入 30 辆
运营站点	40 多个上下站点	100 多个上下站点（至 2019.12）	150 多个上下站点	根据乘客位置在附近进行安全停车	—
启动时间	2019.9 试运行 2020.4 面向公众开放	2019.11	2018.12	2020.4.27	预计 2020
订单数量	未公布	4600 多（至 2019.12）	未公布	—	—
乘客数量	700 多	8000 多（至 2019.12）	未公布	—	—
呼叫方式	百度地图 / 百度 APP	WeRide Go APP	微信小程序	高德地图 APP	滴滴 APP
面向对象	公众在 APP 内通过选择推荐的上下车站点并完善身份信息后可免费试乘	向公众全开放，下载 APP 即可使用，无需申请审核	向员工、亲朋和部分公众开放	公众在 APP 中报名，报名通过且收到通知，可呼叫无人车免费试乘	—
运营时段	9:30-16:20	8:00-22:00	8:00-22:30	7:30-22:00	—

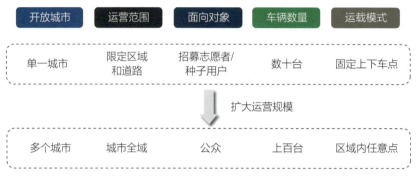

图 2-8　无人驾驶出租车运营规模的发展

随着车企和自动驾驶公司合作的加深，前装量产自动驾驶出租车或成为趋势。通过正向设计的方式，将传感器及控制器提前装配，流水线式标定。在生产过程中完成多项整车测试，以提升车辆安全性能，保证车辆生产效率。目前，Waymo、百度、小马智行等采取此方式与车企合作研发。

（三）国内商业化趋势

1）国内 Robo-taxi 大规模商业化时间未知，企业将联手建立生态圈合作发展。逐步建立起 Robo-taxi 生态圈（图 2-9），解决方案提供商、车企/Tier1、出行服务平台形成战略协同，带来规模化商业运营的核心资源。全球

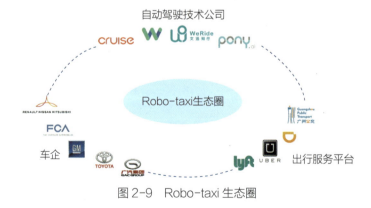

图 2-9　Robo-taxi 生态圈

领先车企将车辆生产制造与自动驾驶技术紧密结合。主要有两种合作方式：一是控股或投资，如丰田与小马智行等，车企通过投资方式迈入自动驾驶领域，为未来移动出行生态提前布局；二是合作开发，如百度与一汽红旗，由自动驾驶公司提供技术，车企提供车辆，双方合作研发 L4 级自动驾驶出租车。

2）联手出行服务商，未来商业模式将逐渐清晰。目前针对 Robo-taxi 共有三种商业运营模式：第一，成立合资公司负责运营。由自动驾驶公司、投资公司与地方创新机构/出行服务公司成立合资公司，负责在当地运营管理，如百度与长沙先导产业投资公司、湘江智能科技创新中心成立湖南阿波罗智行。第二，与出行服务公司合作。出租汽车公司提供场地、运营服务平台，向自动驾驶公司采购技术服务或自动驾驶车辆，由出租汽车公司进行运营，如 AutoX 与深圳鹏程电动出租汽车公司合作，滴滴出行与滴滴自动驾驶公司合作等。第三，自动驾驶公司自主运营。在小规模运营阶段，部分自动驾驶公司选择成立团队负责运营，便于车辆数据的流通和统一管理，可加速技术迭代验证的速度，如小马智行在广州的试运营项目。自动驾驶企业与整车厂合作情况见表 2-8。自动驾驶出租车商业运营模式分析见图 2-10。

表 2-8 自动驾驶企业与整车厂合作情况

自动驾驶企业	整车厂	合作方式
Waymo	FCA、捷豹路虎	合作生产 L4 级车辆
Cruise	通用汽车	控股
	本田	投资 7.5 亿美元
优步	沃尔沃	合作开发
	丰田	投资 5 亿美元
Argo.ai	福特	投资 10 亿美元
	大众	投资 26 亿美元

（续）

自动驾驶企业	整车厂	合作方式
百度	一汽红旗	合作量产L4级车辆
文远知行	雷诺日产三菱联盟	投资与合作研发
小马智行	丰田	投资4亿美元
	广汽	合作开发
	现代	合作开发
AutoX	东风、上汽	投资
	比亚迪	合作开发

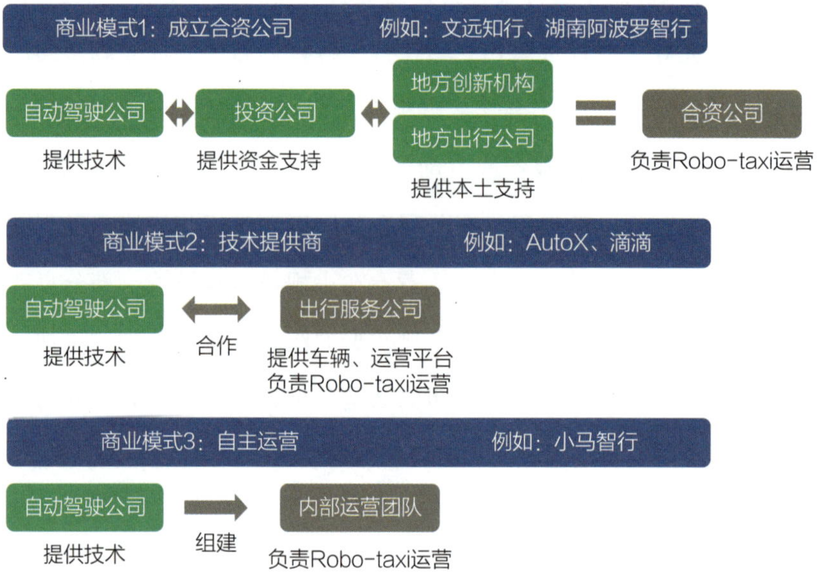

商业模式1：成立合资公司　　例如：文远知行、湖南阿波罗智行

自动驾驶公司（提供技术）→ 投资公司（提供资金支持）↔ 地方创新机构／地方出行公司（提供本土支持）＝ 合资公司（负责Robo-taxi运营）

商业模式2：技术提供商　　例如：AutoX、滴滴

自动驾驶公司（提供技术）↔合作↔ 出行服务公司（提供车辆、运营平台，负责Robo-taxi运营）

商业模式3：自主运营　　例如：小马智行

自动驾驶公司（提供技术）→组建→ 内部运营团队（负责Robo-taxi运营）

图2-10　自动驾驶出租车商业运营模式分析

3）借助出租车公司、网约车平台的运营经验加快Robo-taxi商用落地。解决方案提供商有技术优势而缺乏运营经验，借助出行服务商的真实场景和平台用户，Robo-taxi有望在道路运输端形成核心竞争力。文远知行与广州白云出租汽车集团合作，AutoX与深圳鹏程电动出租汽车公司及高德打车合作。AutoX接入高德打车业务后具备场景化优势，预计采用混合派单的模式，根据

网约车运营数据将路况简单的订单优先派发给自动驾驶出租车，使业务在可控的范围内逐步推进。自动驾驶企业与现有出行服务公司合作见图2-11。

图 2-11　自动驾驶企业与现有出行服务公司合作

四　挑战及建议

（一）挑战

1）政策方面。道路测试政策较为谨慎，暂不允许无安全员测试与商业收费。与领先国家相比，我国道路测试管理较为保守。欧美日已允许无安全员的自动驾驶道路测试，国内尚不允许。部分城市已经允许载人载物测试、颁发道路经营许可证，但该行为缺乏上位法支撑。《智能网联汽车道路测试管理规范（试行）》要求，测试车辆不得搭载与测试无关的人员或货物；《中华人民共和国道路运输条例》也不允许自动驾驶车辆进行商业运营。现有政策有待突破，以促进自动驾驶形成商业闭环。

2）测试方面。封闭测试机制落后，各地路测要求不统一且牌照申请成本高。第一，传统测试机制难以满足新的测试需求：传统车辆的测试围绕汽车本体开展安全性、操控性等测试，驾驶场景依赖驾驶员去处理。自动驾驶需要车辆去处理驾驶场景，开发和测试评价均围绕场景库进行，测试场地、工具、方法、需求与评价体系等都发生了变革。传统的测试规程和机制无法满足自动驾驶测试需求，新型测试模式、测试主体没有认证资质，需要打破过去界限，重新解决资质问题。第二，测试场景考核严格，企业成本负担大：以上海为例，申请测试牌照需要测试80个场景，各场景测试30次，合计两千余次。而上海、深圳、北京等地的测试要求不完全一致，企业需额外研发。申请牌照耗费大量人力财力，企业难以支撑多地多场景测试，这也是路测数据量与丰富度不足的原因之一。另一方面，不少公司绕开监管，未取得牌照而进行道路测试，也带来了一定安全隐患。第三，各地路测牌照不互认，且各地标准不一：部分城市把路测牌照当作创收项目，不承认其他省市牌照，换地需重新申领。目前，仅长三角三省一市开始探索互认，但条件相当苛刻，未有实质推进。

3）技术方面。自动驾驶对复杂场景应对能力存在不足，长尾效应明显。自动驾驶系统需要解决所有突发现象，以保证乘客及车辆的安全。Robo-taxi应用在城市开放道路，面对的交通路况异常复杂，包括无保护左拐、行人/摩托车/电动摩托车/单车避让、夜间行驶等，以及延伸出大量极端场景，如车身广告印刷图案、路边行人手持标志牌、路中间的不明障碍物等。目前虽可处理90%的常规问题，但剩下10%的问题影响巨大，需要花费90%的时间解决，长尾效应明显。现有示范场景与真实商用场景存在差距，急需更多复杂路测数据提高系统性能。自动驾驶车辆在真实的开放道路上累计行驶的里程越长、路测范围越广、遇到场景越多，技术迭代就越快。而示范区多在人车较少的空旷路段，较少出现实际驾驶环境中的复杂交叉路口、车道线不清晰、电磁干扰等情况。复杂环境测试数据的缺乏，将影响自动驾驶算法优化，限制产业落地速度。

4）消费者方面。对自动驾驶技术信心不足，付费意愿下降。由于自动驾驶商用时间推迟，消费者对自动驾驶的接受度有所下降。根据大陆集团的研究，2018年在调研中有79%的中国消费者有意愿接受自动驾驶，考虑购买自动驾驶汽车，但 2013 年该数字为 89%，消费者对自动驾驶汽车的付费意愿也在五年中有所下降。消费者在抱有较大期望后却无法实际应用，叠加自动驾驶交通事故新闻，导致心理落差较大，付费意愿与接受度下降。

（二）建议

1）政策方面。建立 Robo-taxi 试点示范区，探索管理体系。建立 Robo-taxi 商业应用的试点示范区。试点向创新型企业降低出租车经营权门槛，鼓励多种形式的自动驾驶出租车商业运行模式。允许企业在示范运营中收取费用，验证商业模式。开放多区域、多场景、多时段的 Robo-taxi 示范运营，包括城市、乡村、高速场景，白天、夜间等时段，雨雪雾等天气，建议参照目前北京亦庄开发区全域开放测试、德清全域开放测试。建立自动驾驶应用示范与运营的管理体系。在自动驾驶商业应用中起到主导作用，面向出行服务建立市场准入评价、颁发经营许可。更新营运车辆标准、出行服务标准等，使之适合 Robo-taxi 的服务现状。鼓励更多的产业和社会资金参与进来，促进 Robo-taxi 上下游的深度参与，推动技术投入与产品研发。

2）测试方面。开放测试资质，推动全国道路测试牌照互认。建议开放"自动驾驶封闭场地测试基地"资质。向更多符合设计、运营规范的测试场地授予自动驾驶测试认证资质，在新的测试合作体系下，建立面向 Robo-taxi 的测试场。鼓励地方创新，授权地方对符合当地交通特色、满足商业需求的 Robo-taxi 企业颁发测试及商业运营牌照。推动全国道路测试牌照互认。建立统一道路测试考核标准，企业获得一次测试牌照后经过简易程序获得异地道路测试许可。逐步推动各地牌照互认，降低企业在多地部署 Robo-taxi 的费用与难度。

3）技术方面。建立行业场景库加快技术迭代，同时推动人才激励与培养。行业共建 Robo-taxi 场景库。自动驾驶技术迭代以场景库为基础，单一企业道路测试场景有限。同时，针对场景库建设成本高、周期长、覆盖度有限等问题，建议联合多家企业、科研机构等共建 Robo-taxi 场景库。推动场景标注、数据管理等标准建立，为 Robo-taxi 发展提供基础数据支撑及技术保障。建议对自动驾驶技术人才做出政策上支持。人才是自动驾驶发展的关键，支持企业引入自动驾驶领域具有行业影响力、掌握关键技术的国内外顶尖人才和团队。支持创新企业与高校深度合作开展自动驾驶的人才培养，支持国际一流高校在华建立国际自动驾驶人才培养机制。

4）消费者方面。加强舆论引导，让公众更快接受 Robo-taxi。建立保障自动驾驶乘客利益的保险机制。设计 Robo-taxi 相关保险制度，在涉及自动驾驶车辆交通事故责任难以清晰界定时，优先通过保险保障乘客权益。加强舆论引导，推动公众更快接受自动驾驶出租车。同时，将 Robo-taxi 的服务与日常生活出行、普通叫车平台结合，扩大叫车范围与路线。可采取混合派单模式提供更多试乘机会，使用户充分了解自动驾驶，提升用户信心。

第三章 干线物流

一、无人干线物流场景

（一）干线物流场景特点

1. 公路货物运输量大，干线物流自动驾驶具有巨大的商业价值

1）公路货物运输量大，且运量逐年上升。因公路运输具有机动性好、运输网络覆盖广等特点，一直是多数货运的首选。随着公路网络的基础设施建设与公路运输的发展，公路运输长期占据国内整体货运量的75%左右。2013~2018年，我国公路货物运输周转量逐年上升，2019年达到59636.40亿吨·千米（图3-1）。在欧洲和美国，公路运量同样巨大，货物通过货车运输占比分别为75%和70%。

2）干线物流是自动驾驶应用场景中最有商业价值的场景。干线物流指利用道路的主干线路，进行大批量、长距离的货物运输。因为其运输距离长、运力集中，使得大量的货物能够迅速地进行大跨度的位移，所以长期以来都是我国公路运输的主要形式，被视为自动驾驶应用领域最大的一块蛋糕，在我国约有5万亿元（7000亿美元）的市场规模⊖。

⊖ 资料来源：贝恩咨询。

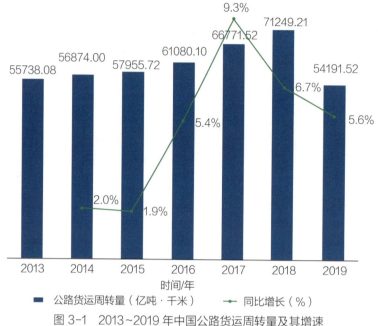

图 3-1　2013~2019 年中国公路货运周转量及其增速

注：数据来源于国家统计局。

2. 干线物流存在驾驶员短缺、事故频发、运营成本高、运营效率低等痛点

货车驾驶员短缺现象普遍存在，"用工荒、招工难"问题愈发严重。中国人口红利开始消失，适龄劳动年龄人口从 2013 年开始逐年下降，7 年内减少了 2300 万（图 3-2）。随着人口老龄化程度的加深，劳动人口数量与日益增长的劳动力需求间将产生巨大缺口。2019 年 6 月，央视财经报道，国内目前货车驾驶员缺口达到 1000 万。欧美也面临同样的挑战，欧洲目前有 15 万个空缺的货车驾驶员职位[一]，美国为 5 万个[二]（2017 年），日本也将面临 24 万货车驾驶员的短缺（2027 年）。在全球物流业蓬勃发展的今天，货车驾驶员存

[一] 资料来源：物流研究公司 Transport Intelligence。

[二] 资料来源：美国货车运输协会。

量少、增量低的问题已经严重限制了行业发展。

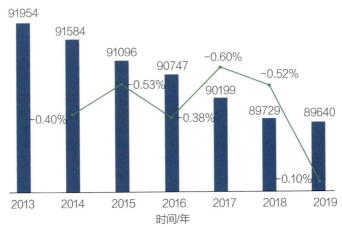

图3-2 2013~2019年中国劳动年龄人口数量变化趋势

注：数据来源于国家统计局。

人力成本高且运营效率低，物流货运企业压力大。人力成本方面，美国货车驾驶员年收入中位数为44500美元；中国驾驶员年薪相对较低，平均值也在20万元左右，人力成本占运输总成本的30%~40%。在800千米以上的干线运输中，每车需两三名驾驶员轮班，进一步增加了人力成本。运营效率方面，美国零担市场前10名企业市场份额高达70%，能进行更好的集约化管理。中国物流行业突出问题就是"小""散""乱""差"（图3-3），零担市场前10名企业的市场份额仅占5.2%（2018年）（表3-1）。物流企业规模小，迂回运输、资源浪费问题突出，造成运营效率低下。

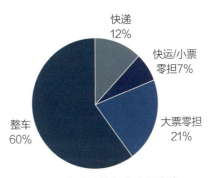

图3-3 物流运输细分市场占比

注：数据来源于运联研究院。

表 3-1 零担市场前 10 企业营收收入 （单位：亿元）

企业收入排名	2016 年		2017 年		2018 年	
1	德邦	107	德邦	114.8	德邦	125.7
2	安能物流	37	安能	56.7	顺丰	82.2
3	中铁物流	36.6	顺丰	46.7	安能	67
4	远成快运	27	百世	33.4	跨越	51.5
5	壹米滴答	25.8	壹米滴答	30	百世	41
6	天地华宇	24.6	三志物流	25.3	壹米滴答	39
7	顺丰速运	23.4	盛丰物流	22	三志物流	29.8
8	盛丰物流	23	盛辉物流	21.8	盛丰物流	24.5
9	龙邦快递	23	天地华宇	21.3	盛辉物流	22.6
10	佳吉快运	21	远成快运	19.5	天地华宇	19
CR3	—	2.3%	—	2.4%	—	2.8%
CR10	—	4.4%	—	4.3%	—	5.2%

注：数据来源于运联传媒。

干线物流货运安全事故频发，给物流企业及社会带来巨大损失。在我国由于物流行业运营效率低下、成本压力大，有严重的超载、疲劳驾驶等问题，导致大量交通事故。据公安部数据显示，我国货运车辆在机动车中占比只有 12%，却制造了 48% 的事故死亡数（2016 年）。美国交通部统计，在美涉及大型货车的撞车事故至少有 45 万件（2017 年），其中 24% 导致死亡及严重伤害，大型货车的致命撞车事故 40% 发生在州际高速公路上；32% 的致命事故包含人为因素，超速驾驶、注意力不集中为两大主要事故原因。

不规范的驾驶行为导致能耗加大，环境污染加重。美国交通部统计，全球温室气体排放中 16% 来自于货车燃油。驾驶员的不合理驾驶行为，会带来更多的碳排放，造成能源浪费和空气污染。据统计，优秀的驾驶员能比驾驶行为不好的驾驶员节省约 30% 的油耗。另外，驾驶员在不熟悉的路线或相对复杂路况下，燃油排放量也会大大增加。

（二）自动驾驶带来价值

自动驾驶可大幅降低人力成本、减少燃油消耗，为物流企业降本赋能。一方面，自动驾驶货车在长途运输时，可将驾驶员减少为 1 名，短途运输则显著减少驾驶员的工作量；平均减少 0.5~1 个驾驶员的人力成本支出，为 6 万~15 万元/年/车。另一方面，通过编程，可优化自动驾驶货车行驶速度及加减速策略，提高燃料的使用效率，每年减少 10%~15% 的燃油费用，为 3 万~5 万元/年/车。若采用编队行驶技术，使多辆货车更加紧密地编队行驶，通过减少风阻，可进一步减少约 10% 的燃油消耗。

自动驾驶可增加运转时长，同时利用多车协同调度提升运输效率。货车驾驶员每天有工作时长的限制，在某些国家还需强制休息，每天平均约 12 小时的工作时长，包括休息、吃饭的时间。自动驾驶货车理论上可不间断运行近 24 小时，这意味着更短的交付周期、更多的运输量；利用车队管理平台，对驾驶任务、行驶线路优化，可进一步提升运营效率。预计自动驾驶通过增加运行时长、效率改进，可为物流企业带来约 1 倍的收入增长。

一方面，自动驾驶可有效提升安全性，避免疲劳驾驶、超载等人为因素导致的事故。自动驾驶技术可避免车辆在高速公路上行驶时，驾驶员因疲劳和注意力不集中引发的交通事故。另一方面，结合车联网技术，自动驾驶车辆可提前预知道路前方事故等潜在危险，避免二次事故的发生。预计全球因事故减少以及相关保险开支带来的费用节省，每年将达到 2230 亿元（图 3-4）。

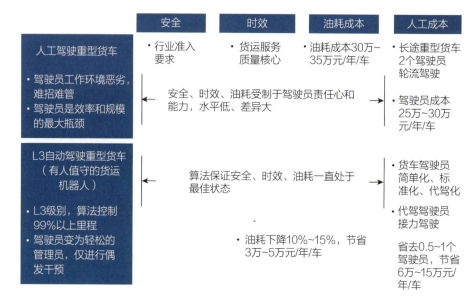

图 3-4　自动驾驶有助于物流运营降本增效

注：数据来源于赢彻科技。

二、全球应用现状

（一）重点企业应用现状

出于节油考虑，国外早期自动驾驶货车主要由原始设备制造商（OEM）推动，进行编队跟随自动驾驶研究与测试。头车有人驾驶或无人驾驶，后车为无人驾驶，车与车通过 V2X 通信技术实现更短距离的跟车，以减少风阻，继而降低油耗。2016 年开始，斯堪尼亚、沃尔沃、戴姆勒等在欧洲、北美洲等进行测试。初期测试，货车仅具备 L1 级辅助驾驶功能，同步加速或制动，在向 L3 级以上的自动驾驶努力。专门研究编队驾驶的创业公司 Peloton，已完成了 10 万多英里的编队自动驾驶测试。

随着人工智能的发展，创业公司、科技巨头、OEM 相继进入 L4 级无人驾驶干线物流领域。国外自动驾驶货车创业公司多集中在美国，如 Otto、Embark、智加（美国）、图森（美国）等。2016 年 8 月，Otto 被优步以 6.5 亿美元收购，科技巨头开始进入此领域。随后，Waymo 开始在美国亚利桑那州测试其 8 级自动驾驶重型货车，2020 年还推出了 Waymo Via 自动驾驶货运服务；2019 年 3 月，戴姆勒货车收购了自动驾驶技术公司 Torc Robotics，在美国弗吉尼亚州高速公路测试 L4 级自动驾驶货车。

美国干线物流自动驾驶已进入商业试运营阶段，多家企业开展了货运服务。自 2017 年 11 月以来，Embark 开始与电器公司伊莱克斯（Electrolux）和物流公司 Ryder 合作，在南加州和德克萨斯州之间运送冰箱；2018 年 3 月，Waymo 与谷歌物流团队合作，为位于亚特兰大的谷歌数据中心运送货物；2019 年 5 月，图森开始为美国邮政（USPS）、UPS、McLane 等客户提供无人驾驶运输服务，与 UPS 的运输服务已增加至每周 20 次，并新开通了长约 700 千米的州际运输线路，其合作客户增加至 18 家；2019 年 12 月，智加科技为乳业公司蓝多湖（Land O Lakes）提供货运服务，横跨美国东西海岸，约 4500 千米。

美国的自动驾驶干线运输多采用甩挂运输的模式。欧美甩挂运输的普及率达到 70% 以上，自动驾驶多采用此模式以提高货车利用率及货物周转率。自动驾驶只承接两个转运中心之间的干线运输，当货车到达转运中心后，挂车会转交给有人驾驶的货车进行支线运输；卸下挂车后的自动驾驶货车，可继续承接下一个挂车的运输，不用等待货物的最终交付。这样可以降低空载率，减少自动驾驶牵引车数量的投资，且让有人驾驶的短途运输和自动驾驶的长途运输能有机连接。优步、Embark、图森（美国）都采用了此类自动驾驶运输模式（表 3-2）。

表 3-2　全球商用货车自动驾驶测试与应用场景落地节奏

公司	创立时间	研发中心	货车开始测试时间	测试地点	商业合作伙伴
Peloton Technology	2013 年	美国	2016 年	美国：德克萨斯州等	
Starsky	2015 年（2020.3 月关闭）	美国	2016 年	美国：佛罗里达州	
图森（美国）	2015 年	美国	2017 年	美国：亚利桑那州、德克萨斯州	UPS、USPS、McLane 等
优步(Otto)	2016 年（2018.7 月关闭）	美国	2016 年	美国：科罗拉多州	Uber Freight
Embark	2016 年	美国	2016 年	美国：德克萨斯州、加利福尼亚州、佛罗里达州	亚马逊、Electrolux、Ryder
Plus.ai（智加科技）	2016 年	美国	2018 年	美国：亚利桑那州、内华达州、德州、科罗拉多州等 17 个州	
Waymo	2016 年	美国	2017 年	美国：亚利桑那州、乔治亚州、德克萨斯州、新墨西哥州	谷歌数据中心
Kodiak Robotics	2018 年	美国	2019 年	美国：德克萨斯州	
戴姆勒货车（北美）	2008 年	美国	2015 年	美国：弗吉尼亚州、俄勒冈州、内华达州 德国：A8 高速	
沃尔沃	1928 年	瑞典	2015 年	瑞典、日本	物流巨头 DFDS
UD Trucks（沃尔沃日本）	1935 年	日本	2019 年	日本	北海道农业合作社 Hokuren、物流公司 Nippon Express

（二）重点国家管理模式

美国部分地区已允许自动驾驶商业运营。美国没有针对自动驾驶的联邦法规，但已有26个州通过立法及7个州发布行政命令，许可在开放道路进行自动驾驶测试，包括高速公路。其中，亚利桑那州、佛罗里达州、内华达州等19个州已允许进行商业运营（图3-5）。

图3-5　美国开放道路测试立法情况

按照上路测试或商业运营是否需要许可，美国各州对于自动驾驶货车上路的监管分为两大类。一是上路许可的原则，即需要向州属交通部递交上路申请，并经批准许可后，可进行测试或商业运营；二是采取普遍授权的原则，即不需要特殊申请许可。

1. 上路许可类

加利福尼亚州、内华达州、密歇根州、宾夕法尼亚州等州，采取上路许可的原则。但加利福尼亚州暂时不允许重量超过10001磅（约4500千克）的货车进行自动驾驶测试或商业部署。本文以戴姆勒进行自动驾驶货车测试的内华达州为例进行分析。

在申请上路许可前，要对自动驾驶车辆进行认证。根据内华达州颁布的自动驾驶法规482A，对车辆进行认证。认证有效性适用于同类货车车型及同一自动驾驶解决方案。对自动驾驶车辆的要求为：

（1）配有安全驾驶员的自动驾驶汽车

1）必须配备一种自动驾驶脱离装置，用于接通和断开自动驾驶系统，且安装在操作员容易触及的地方。

2）必须配备自动驾驶状态指示灯，用于指示自动驾驶系统是否处于自动驾驶状态，且安装于自动驾驶车辆内部。

3）必须配备有提醒操作员接管的装置，发生故障时，即自动驾驶系统无法执行与其预期运行设计域（ODD）相关的动态驾驶任务时，提醒安全操作员手动接管车辆。

（2）无人驾驶汽车

1）如果自动驾驶系统发生故障，导致自动驾驶车辆无法执行与其预期ODD相关的动态驾驶任务时，车辆能够进入最小的风险状态，即合理的安全状态，包括但不限于车辆完全停止。

2）如果技术无法使车辆达到最低风险状态，则必须有一名人类操作员在场，并准备在自动驾驶系统发生故障时采取控制措施。

3）自动驾驶车辆获得认证后，就可递交上路申请。申请材料包括申请表、申请费及保险证明。申请表对事故上报进行了要求；在操作自动驾驶测试车辆时，如发生人身伤害或财产损失超过 750 美元的事故，或交通违章，测试方应于 10 天内向有关部门提供事故报告；测试方需要提供 500 万美元的保险证明或等额保证金。申请通过，获得许可的测试方可在州内的高速公路进行测试或商业部署。

2. 普遍授权类

亚利桑那州、德克萨斯州、佛罗里达州等州，采取普遍授权的原则。测试方在州属交通部门网站上提交公司信息即可进行测试或商业部署，交通部没有审批环节，也无需向测试方颁布上路许可。

（1）配有安全驾驶员的自动驾驶汽车

1）测试方需要在亚利桑那州交通局的网站上，在线提交公司信息，并网上确认。

2）配备有自动驾驶系统的车辆应符合普通车辆的注册、许可和保险等要求。

3）在不遵守交通法规和/或机动车法规的情况下，可以对进行自动驾驶系统测试或操作的人员进行交通违章处置或罚款。

4）只有经过培训的员工、承包商或授权的人，才能操作或监控车辆。

（2）无人驾驶汽车

测试方需在亚利桑那州交通局的网站上，在线提交公司信息，并提交自动驾驶测试声明和《执法互动协议》副本，具体要求包括：

1）除非获得国家公路交通安全管理局的豁免，否则，该无人驾驶车辆必须符合联邦法律和联邦机动车辆安全标准。

2）如果自动驾驶系统发生故障，导致该系统无法执行与其预期 ODD 有关的整个动态驾驶任务，则全自动驾驶汽车必须能实现最小的风险要求。

3）如不遵守交通和/或机动车法律，进行测试或操作无人驾驶车辆的人将受到交通违章或其他适用的处罚。

4）提交《执法互动协议》，并遵守相关规定。执法互动协议将指导测试区域附近的急救人员如何在紧急情况下或交通执法时，与无人驾驶车辆的互动，包括如何与车队支持专家进行沟通，如何安全地将车辆驶离道路，如何识别车辆是否处于自动驾驶模式，描述车辆将在哪些城市运行等。

三、国内产业发展

（一）国内产业基础

科技创业公司是 L4 级以上自动驾驶落地的重要推动力量。干线物流是自动驾驶最容易落地的场景，大量初创公司进入。一方面，由于干线物流基本处于高速场景，道路铺装好、结构化程度高，且机非隔离、无对向来车，降低了感知、决策研发难度，自动驾驶技术的落地难度较小。另一方面，干线物流有巨大的商业价值，运营复杂程度低。从 2016 年起，图森未来、主线科技、CIDI、嬴彻、智加科技等创业公司在干线物流领域寻找落地先机。

由于国内法规对于高速测试的限制，部分企业在美国开展大量道路测试。国内由于《中华人民共和国道路交通安全法实施条例》规定，机动车在高速公路上行驶，不得有试车或者学习驾驶机动车的行为。目前，除长沙宣布开放 100 千米高速公路外，各省市开放测试道路尚不包括高速路段。部分城市采用废弃高速、封闭高速等方式进行测试，没有其他道路参与者，对自动驾驶的验证能力有限。图森未来、智加科技转向美国开展大量道路测试，其中，图森未来在美已累计 300 万千米的测试里程，并进入到商业常态化运营阶段。

（二）国内商业化进程

干线物流自动驾驶解决方案商将提供运力服务，催生新商业生态。按《中华人民共和国道路运输条例》规定，物流车辆需办理"车辆营运证"，缺少对自动驾驶车辆的规定。在自动驾驶时代，车辆也需要责任主体对其进行定期维护和检测、更新[一]。因此，自动驾驶公司除了需要与OEM、Tier1合作进行研发外，还将负责车辆的运维服务，并向物流企业提供运力服务（Transport as a Service）（图3-6）。

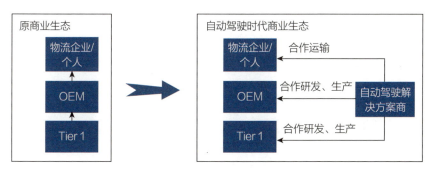

图3-6 干线物流商业生态

国内商用车线控底盘产业薄弱。国内领先商用车OEM从2016年开始进行线控底盘的集成，目前处于实验样机阶段。我国商用车线控底盘成熟度远落后于乘用车，基本被国际供应商垄断。为了推动自动驾驶货车的尽快落地，国内科技公司、OEM与Wabco、ZF、博世、克诺尔等国际线控底盘供应商建立了紧密的合作（表3-3）。

[一] 《道路运输车辆技术管理规定（2019修正）》中规定，道路运输经营者是道路运输车辆技术管理的责任主体，负责对道路运输车辆实行择优选配、正确使用、周期维护、视情修理、定期检测和适时更新，保证投入道路运输经营的车辆符合技术要求。

表 3-3　干线物流自动驾驶企业测试、合作等信息

公司	自动驾驶货车测试情况				预计量产	合作伙伴	配套货车
	开始测试	测试地点	测试货车车队规模	测试里程			
图森未来	2016年	上海、北京、唐山、美国	15辆（中国）、40多辆（美国）	4万千米（中国）、300万千米（美国）	2023	陕汽、福田、三一、ZF、Wabco、索尼、NVIDIA等	陕汽重卡、福田、Navistar、PACCAR
主线科技	2018年	山东	4辆	10万千米（高速）	2023	博世、Wabco、齐鲁交通	重汽
长沙智能驾驶研究院	2017年	长沙	10辆	20万千米	2023	舍弗勒	福田
嬴彻	2019年	长沙、济南、上海	6辆	包含封闭道路约2万千米	2021	ZF、Wabco、克诺尔、速腾、地平线等	东风、重汽、福田

物流企业采取投资与合作方式，积极推进干线物流自动驾驶的发展。无车承运人平台 G7、满帮集团，物流地产商普洛斯，快递商 UPS 等都参与了中国干线物流自动驾驶解决方案商的投资（表 3-4）。

表 3-4　干线物流自动驾驶企业测试、合作等信息汇总

公司	物流背景投资方	参与投资轮次
嬴彻	G7、普洛斯	2018年4月天使轮
主线科技	普洛斯	2018年10月A轮
智加科技	满帮集团	2018年11月A轮
图森未来	UPS	2019年9月D+轮

（三）国内商业化趋势

干线物流自动驾驶市场的最终打开将取决于路权与成本。一方面，高速道路的开放影响自动驾驶货车能否上路测试以及商业部署，前文已论述法规限制。另一方面，物流对成本极为敏感，在自动驾驶成本高于人工成本之前都很难大规模推广。

自动驾驶解决方案成本低于 30 万元/车，则可实现盈利。增加的方案成本，包括功能安全要求带来的冗余制动、转向、电源等，以及感知、决策等传感器，计算平台的硬件及相应软件。若其增加成本为 30 万元/台，假设使用寿命为 3 年，每年 15% 的运维费用，每年综合使用成本增加为 13.5 万元。每年由于自动驾驶带来驾驶员用工成本、油费的节省，分别为 6 万~15 万元/年/车、3 万~5 万元/年/车，取中位数共为 14.5 万元/年/车，则自动驾驶可实现盈亏平衡。而自动驾驶带来的运营效率提升、安全提升等附加价值，将成为自动驾驶落地的盈利空间（表 3-5）。

表 3-5　自动驾驶重型货车带来的成本变化

项　目	成本变化
购置成本	+30 万元
运维成本	+4.5 万元/年
驾驶员用工成本	-10.5 万元/年
油费成本	-4 万元/年
使用 3 年后带来的成本变化	0 万元

四、挑战及建议

（一）挑战

1. 干线物流自动驾驶技术处于关键验证期，急需突破政策藩篱

目前，急需开放高速道路进行自动驾驶技术测试。一方面，为保障干线物流自动驾驶研发贴近实际使用场景，高速道路测试非常有必要。为保障上路安全性，道路测试场景应尽可能贴近ODD（Operational Design Domain）的实际场景。另一方面，高速道路与其他场景明显不同，难以进行替代测试，如无红绿灯、机非隔离、有特定的曲率、坡度限制、有高速上下匝道等。

部分地区试点规划了高速公路自动驾驶测试，但是尚未落实。例如，北京曾于2018年规划围绕冬奥会等特定场景需求，在延崇高速和服务区域，开展自动驾驶、编队驾驶、摆渡接驳等测试，为冬奥会自动驾驶应用做好技术准备。但截止到2020年4月，除演示性测试外，并未许可企业进行常态化测试。

2. 高速道路测试缺乏合理的准入标准

缺乏合理的高速道路测试准入标准。目前仅长沙发布了高速开放道路测试的准入条件，"申请高速公路测试的测试车辆需要在通过自动驾驶能力评估验证后，在开放道路（非高速）区域测试并累计测试里程超过2万千米后，在未发生责任交通事故及失控状态下，才可申请高速测试"。

但自动驾驶需要在其ODD内进行测试才有价值，在非高速场景累计2万千米的测试里程，对于高速自动驾驶不具有参考意义。此外，企业需要针对红绿灯、十字路口、非机动车、行人等非高速场景额外开发，增加不必要的工作量与成本。

3. 自动驾驶技术成熟度有待在更复杂环境下验证

车辆性能稳定性需要实际路测考验。干线自动驾驶货车能否满足各种装载条件下的运输要求，能否在雨雪、大风等极端天气下行驶，能否满足夜间行驶、穿行隧道等要求，都充满了挑战。需要在更多的道路测试环境下，进行验证。

编队驾驶的可行性有待实际验证。2019 年 5 月，福田、东风等多家 OEM 及自动驾驶解决方案提供商参与了针对《智能网联汽车自动驾驶功能测试方法及要求 第 3 部分 列队跟驰功能》的验证测试。但列队驾驶的实际应用，还应当评估其对正常交通流会造成何种影响，需要在实际道路测试中进行进一步验证。

（二）建议

1. 逐步开放高速测试，进行更广泛的技术验证

1）建议研究并出台高速自动驾驶测试的管理办法。国家虽然不允许在高速公路进行自动驾驶测试，但不少企业已实际开展，带来一定安全隐患。建议尽早出台高速测试管理办法以规范测试行为，包括准入、管理细则、跨地域高速测试等，允许商用车、乘用车在特定时间、特定路段的特定车道进行高速测试。

2）鼓励地方先行先试，依托示范应用工程，推动自动驾驶技术快速落地。因为自动驾驶具有较强的地域特性，各地物流运输需求不同。建议一方面鼓励各地根据自身道路、交通条件，安排干线物流自动驾驶测试先行先试；另一方面，还可借助大型活动或示范应用工程，推动商用，如冬奥会、亚运会等，推动延崇、杭绍甬等高速公路自动驾驶货物运输应用。

3）开启跨地市高速公路自动驾驶测试牌照的发放。由于干线物流的商业

路线通常为跨地市的高速公路，建议推动跨地域的测试牌照发放，包括测试牌照互认，开放跨地市的完整运输路线，明确监管边界等。自动驾驶企业在最具有商业价值、最贴近实际使用的线路上进行测试，有利于自动驾驶的商业化落地。

4）新建高速公路规划自动驾驶车道。2019年开工建设的京雄高速，在设计上将内侧两条车道作为智慧驾驶专用车道，能够实现车路协同和自动驾驶。建议在更多的新建高速公路中规划自动驾驶车道，为建设相应的基础设施、管理设施做好准备和可持续发展规划。

2. 建立跨行业、跨部门协同机制，完善干线物流自动驾驶生态

1）建立跨部门的协同机制。建立沟通机制，就行业管理问题逐一与发改、工信、交通、公安、住建等主管部门对接，探讨干线物流商业化落地的支持方案。

2）建立跨行业协同机制。以商业化落地为导向，加强产业上下游合作，推动基础设施、自动驾驶商用车保险与金融服务、自动驾驶物流平台等落地所需的下游生态发展。特别是针对自动驾驶研究适用的保险险种，完善自动驾驶落地所需的配套服务。

第四章 末端物流

一、无人末端物流场景

（一）末端物流场景特点

1. 高频、分散的末端配送作业模式，带来低效率、高成本的行业痛点

1）末端配送呈现高频次、小批量的特征。移动互联网时代下，网购用户数量和比例双重增长（图4-1），同时客户对末端配送即时性的要求也越来越高。海量的碎片化订单使得末端配送的作业模式趋向以小批量、高频次的方式进行。

图4-1　2013~2019年中国网购用户规模

2）配送服务呈现空间分散、时间分散特征。一方面，末端配送需要连接分布在城市各区域的商家和消费者，包括超市、便利店、餐厅以及社区、写字楼、高校等各类主体，服务需求尤为分散（图4-2）。另一方面，配送服务时间分布同样分散，以美团外卖为例，从凌晨到深夜均有需求，且大多时段订单量较为可观（图4-3）。由于配送服务在空间与时间上的广泛分布，使得城区配送站点多、快递员多，服务可控性较弱。

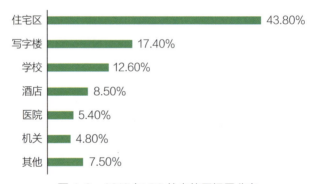

图4-2　2019年Q2外卖使用场景分布

图4-3　2019年上半年外卖订单分时段分布

3）末端配送效率低下，成本高（图4-4）。一是末端配送服务对象分布分散，消费者的取货习惯各不相同，经常出现重复配送，浪费时间。二是末端配送高频次、小批量的配送本质是以高成本换高时效。以顺丰为例，其每车装载率仅为50%~60%，低装载率增加了总运输成本（图4-5）。三是广分布、低效率的末端配送既增加了快递员数量，又增加了快递员工作负荷，近25%的快递员每天工作时长超过12小时，使得末端配送的人力成本也居高不下（图4-6）。快递员人工成本约占整个配送作业成本的30%以上，企业负担较重。

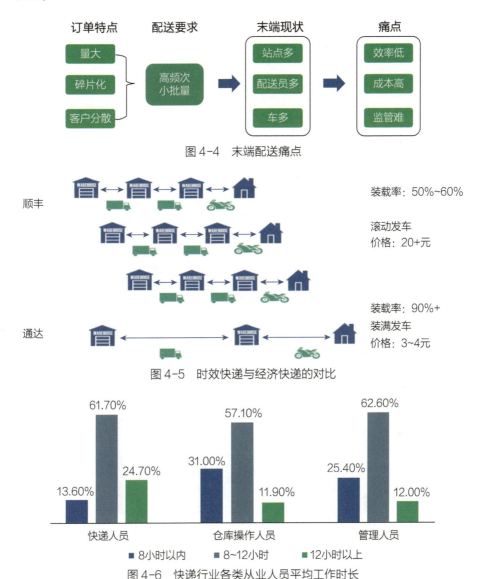

图4-4　末端配送痛点

图4-5　时效快递与经济快递的对比

图4-6　快递行业各类从业人员平均工作时长

4）配送车辆监管难，带来安全隐患。我国快递车辆的管理和使用规范由各地自行制定，很多城市的配送车辆游走在灰色地带，给监管带来巨大挑战。国内快递行业集中度不高，部分企业对末端配送承包方疏于管理，存在大量时速、装载质量不达标的非正规电动三轮车用于末端配送现象。这些车辆带来道路管理困难的同时，频繁进出居民区与商业区，也增加了安全隐患。

2. 末端配送市场与劳动力间的矛盾，进一步拉动无人配送需求

不断增长的业务量将给末端物流带来极大的配送压力。我国的快递和即时配送行业在高基数下迎来了高速增长。随着我国电商产业的发展，快递与即时配送业务增长迅猛，2019 年快递业务量达到 635 亿件，即时配送订单量也达到 185 亿单（图 4-7、图 4-8）。不断增长的业务量将继续给末端配送环节施压，产生巨大的配送运力需求。

图 4-7　2013~2019 年中国快递业务总量与收入变化趋势

图 4-8 2013~2019 年中国即时物流行业订单量与行业规模变化趋势

末端快递员流动频繁、雇佣难。数据显示，物流配送的快递人员一年内离职率高达 40%（图 4-9），说明流动性较强。从行业整体看，低工资、高强度、平台约束力较弱以及基本保障体系不健全等问题，使得配送一线员工工作不稳定，造成"用工荒"难题。

我国适龄劳动人口下降趋势明显，将加剧物流配送用工难的问题。中国享受了 30 多年的人口红利开始消失，青壮年劳动力供给呈逐年下降的趋势。我国劳动年龄人口从 2013 年开始逐年下降，7 年内减少了 2300 万（图 4-10）。随着我国社会老龄化程度的加深，劳动人口数量与日益增长的劳动力需求间将产生巨大缺口，物流配送用工难的困境将难以缓解。

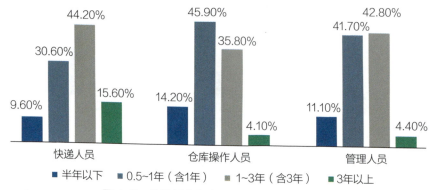

图 4-9 快递行业各类从业人员平均工作年限

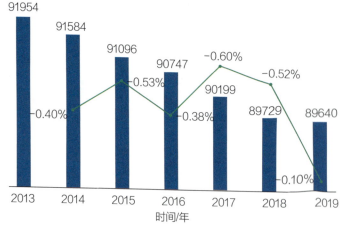

图 4-10 2013~2019 年中国劳动年龄人口数量变化趋势

（二）自动驾驶带来价值

1. 无人配送车的应用有望解决城市末端配送的各种问题

面对末端配送需求与日俱增、配送痛点持续存在、劳动人口不断下降的多重压力，市场提出了许多解决方案，比如共同配送、自提柜、便利店自提等，问题得到一定程度缓解。但各平台面对快递、外卖的巨大人力支出成本，单纯依靠人工配送，已难以完全解决城市末端配送当下面临的问题。

无人配送车有望成为"最后一千米"难题的解决方案。一是可减少对配送人员的需求，解决快递员流动大、雇佣难问题，亦能很好应对未来劳动力短缺。二是无人配送车替代快递摩托车、三轮车，有利于交通环境治理，消除道路与社区安全隐患。三是用户与无人配送车通过网联功能，可定制化服务，减少重复配送，提高配送效率。

2. 无人配送有望率先落地，众多企业看好其市场前景

无人配送车属于行驶速度低、场景复杂度低的场景，有望率先实现规模化应用（图4-11、图4-12）。一是无人配送车更安全。其行驶速度较低（15~25千米/时），可有效避免严重交通事故。在发生危险时，其载货装置可"自我牺牲"，保障其他交通参与者的安全。二是单车成本更低。由于车速不高，传感器探测距离短、配置低，如采用16线激光雷达、较少的毫米波雷达等；数据融合所需计算量较少，对芯片、计算平台要求低。三是无人配送车没有驾驶舱，不需要安全员随行，未来运维人员与车辆可达1∶20，可有效降

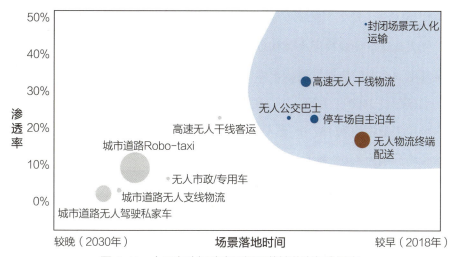

图4-11 中国自动驾驶应用场景落地节奏与渗透率

低人力成本。

图 4-12 中国自动驾驶应用场景目标市场规模

二、全球应用现状

（一）重点企业应用现状

1. 国外无人配送车起步较早，根据应用场景主要分为大小体积两类配送车

无人配送市场规模巨大，初创公司与互联网巨头纷纷推出相关产品。随着全球电商产业的快速发展，末端配送迎来了巨大的市场。2018 年全球电商市场规模超过 3400 亿美元，中、美等五国占销售额 85% 以上（图 4-13）。英国市场销售额将达到 137.08 亿美元，同比 2018 年增长近 11%，日本和韩国的增长率分别为 4.0% 和 11.1%。

在市场需求的驱动下，2014 年起多家自动驾驶和机器人创业公司推出无人配送产品（表 4-1）。与国内相似，除初创企业外，自带配送场景的互联网电商、物流、外卖巨头也在无人配送领域投放产品，如 Yandex、亚马逊等（表 4-2）。

图 4-13 全球电商零售市场规模 Top5 国家市场数据

表 4-1 重点无人配送车企及其主要产品信息

企业	国家	成立年	企业类型	产品名称	轮数	自重/千克	载重量/千克	仓数	车速/(千米/时)
Starship Technologies	美国	2014	初创企业	Starship	6	20	9	1	16
Nuro	美国	2016	初创企业	R2	4	1150	190	2	40
Marble	美国	2015	初创企业	Marble	4	36		1	6
Dispatch	美国	2015	初创企业	Carry	4		45	4	6
亚马逊	美国	1994	互联网公司	Scout	6			1	6
BoxBot	美国	2016	初创企业	BoxBot	4			9	
联邦快递	美国	1971	快递公司	Roxo	6		45		16
Kiwi	美国		初创企业	KiwiBot	4			1	
Domino's	美国	1960	外卖公司	DRU	4		10	4	19
Teleretail AG	瑞士	2014	初创企业	One	3	18~27	45		8(人行道) 32(机动车道)
ZMP	日本	2001	初创公司	DeliRo	6		50	1-8	6
Yandex	俄罗斯	1997	互联网公司	Rover	6			1	5

由于行驶规则不同,国外的无人配送车按体积大小可明显地分为两类,分别行驶在人行道与机动车道(图 4-14)。

表 4-2 各国无人配送车的应用情况

企业名称	产品名称	地区	合作方	配送场景	应用内容
亚马逊	Scout	美国：加州、华盛顿州	亚马逊	开放路段	线下零售配送
Robomart		美国：马萨诸塞州	Stop 和 Shop	开放道路	线下零售配送
Nuro	R2	美国：德克萨斯州、亚利桑那州、加州	Domino、Kroger Walmart	开放路段	外卖配送 线下零售配送
Starship Technologies	Starship	美国、英国、德国、荷兰、瑞士	Domino、瑞士邮政	开放道路 封闭园区	外卖配送 快递配送
Kiwi	KiwiBot	美国：加州	DoorDash	开放路段 封闭园区	外卖配送
Marble	Marble	美国、日本	DoorDash、Yelp	美国：开放道路 日本：封闭园区	外卖配送
Postmates	Serve	美国：加州	Postmates	开放路段	外卖配送
Robby Technologies	Robby	美国：加州	百事公司	开放道路	外卖配送
BoxBot	BoxBot	美国：加州	OnTrac	开放路段	快递配送
联邦快递	Roxo	美国：新罕布什尔州	联邦快递	开放道路	快递配送
Teleretail AG	One	瑞士、德国	Thyssenkrupp	开放道路	工业物料配送
京东	智能配送车	日本	乐天、沃尔玛	封闭园区	线下零售配送
ZMP	DeliRo	日本：神奈川	罗森、Ride On Express	封闭园区	外卖配送
Marathon Robotics	DRU	澳大利亚：昆士兰州	Domino	开放路段	外卖配送

(续)

企业名称	产品名称	地区	合作方	配送场景	应用内容
Yandex	Rover	俄罗斯：莫斯科	Beru	封闭园区	外卖配送
Cleveron	Cleveron	爱沙尼亚	爱沙尼亚邮政	开放路段	快递配送
Academy of Robotics	Kar-go	英国	Eurovia UK	开放道路	工业物料配送

图 4-14　不同类型的无人配送车

1）小体积无人配送车，主要用于食品、外卖、小包裹配送，通常只有 1 个货仓，行走在人行道上，如 Starship、Domino-DRU、Amazon-Scout 等。此类产品多从机器人技术切入市场，具有体形较小、载重较轻、速度慢等特点。

2）大体积无人配送车，主要用于线下零售配送或提供综合配送服务，一般按机动车规则行驶，如 Nuro、ZMP、Marble 等。由于欧美居住密度低、配送量不够集中，用户单次采购量通常很大，大体积无人配送车通常也只有一到两个货仓，少数兼顾文件、外卖、零售配送等多功能车辆采用多货仓。

针对不同的应用场景，两类产品的传感器配置方案不同：

1）行走在人行道的产品,传感器配置相对简单。如 Starship,主要采用摄像头、红外和超声波传感器,未配置激光雷达。其中,摄像头用于感知道路信息,也可用于防盗监控。车辆六个轮子的设计有利于爬上路肩。

2）大体积无人配送车以自动驾驶状态行驶在机动车道上,且速度较快,其传感器配置比较丰富。如 Nuro R2(图 4-15),包含激光雷达、毫米波雷达等,还配备冗余制动及控制系统,贴近自动驾驶乘用车。

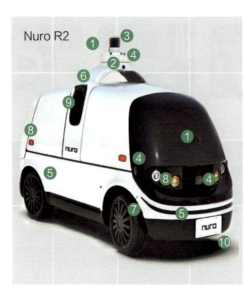

主要配置:
① 360°环视摄像头
② 热成像摄像头
③ 激光雷达
④ 长、短矩毫米波雷达
⑤ 超声波雷达
⑥ 应急车辆警报声探测器
⑦ 冗余制动及其控制系统
⑧ 车规级照明灯和指示灯
⑨ 触屏(用户及执法人员交互)
⑩ 发声器(用于提示行人)

车辆参数:
尺寸:2.74米×1.1米×1.86米
最高时速:25英里/时
电池容量:31千瓦·时
充电速度:L2,6.6千瓦·时/时
整备质量:1150千克
载重:190千克
装在容量:633升

图 4-15 Nuro R2 传感器配置图

2. 美国无人配送已在多地商用,日本与欧洲尚处在测试示范阶段

一方面,得益于市场需求与政策宽松,美国无人配送商业模式趋于成熟。据 BI Intelligence 预测,2020 年美国的线上消费总额将达 6320 亿美元,高速增长的电商产业带来了大量配送需求。另一方面,美国多个州相继颁布法令允许小型无人配送装置开展测试与应用,自动驾驶测试法规相对完善,营造了宽松、开放的商业环境。

无人配送以外卖和线下零售为主,校园内配送已趋于成熟。美国的快递用户更在意包裹的免费投递而非即时性（图 4-16），因此无人配送大多避开了快递，而选择了外卖与线下零售。其中，校内外卖配送最为活跃与成熟：Starship 完成了 10 万次派送，行驶里程约 30 万英里（图 4-17）；Kiwibot 自 2017 年以来，已在大学校园完成了 3 万个配送订单。而 Nuro 与 Kroger、沃尔玛都建立了合作关系，重点开展食品百货、生活物资等配送业务（表 4-3）。

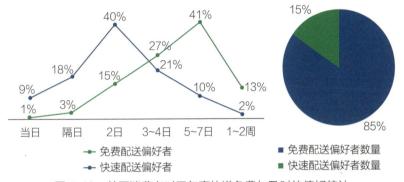

图 4-16　美国消费者对于包裹快递免费与及时的偏好统计

表 4-3　各无人配送企业在美国校园内的测试及商业应用情况

公司	产品	州	学校	配送内容	开始时间	业务量
Starship Technologies	Starship	印第安纳州	普渡大学	餐饮	2019 年	10 万单
		宾夕法尼亚州	匹兹堡大学		2019 年	
		亚利桑那州	北亚利桑那大学		2019 年	
		弗吉尼亚州	乔治梅森大学		2019 年	
Kiwi	KiwiBot	加州	加州大学伯克利分校	餐饮	2017 年	3 万单
Dispatch	Carry	加州	加州州立大学、曼隆学院	邮件、包裹	2016 年	
Robby Technologies	Robby	加州	太平洋大学	餐饮	2018 年	

图 4-17 Starship 完成订单量及行驶里程

由于美国人工费用更贵，无人配送容易实现盈利。①在外卖方面，企业依靠较低的配送价格抢占市场。美国外卖零售配送费用（1千克包裹）见表4-5。根据距离和配送时长，外卖人工配送费为 2~8 美元/单（Uber Eats），而 Starship 收费 1.9 美元，KiwiBot 收费 2.8 美元，消费者也无需向无人配送支付小费；Marble 加入了 Yelp Eat24 的外卖配送伙伴，Yelp 向其支付与有人配送同样的配送费用。②在快递配送方面，2 个工作日内到货的配送费用相当昂贵（表 4-4），物流公司会对周日、节假日送达的需求收取额外费用，如 USPS 额外收取 12.5 美元。相比之下，无人配送可以用低廉的成本、更灵活的配送时间进行快递送货。

表 4-4 美国快递配送费用（1 千克包裹） （单位：美元）

到达时间		同城		同州		跨州	
		FedEx	USPS	FedEx	USPS	FedEx	USPS
第二天	清晨	69.41		81.25		136.55	
	上午	36.78		39.25		94.55	
	下午	34.52	27.55（Express）8.7(Mail)	34.6	27.55（Express）8.7(Mail)	70.4	

（续）

到达时间		同城		同州		跨州	
第三天	上午	23.21		27.95		47	48.75（Express）12.55(Mail)
	下午	20.95	3.86(Mail)	20.95	3.86(Mail)	25.35	
第四天	下午	9.5		9.5		12.05	
第五天							
第六天							3.86(Mail)

表 4-5 美国外卖、零售配送费用（1千克包裹） （单位：美元）

类别	商家	配送费	服务费	起送金额	未达起送金额时额外费用	套餐价（每月）
餐饮外卖	Grubhub	1~7		10	2	
	Doordash	1.99~4.99	总价10%	10	2	9.99
	Uber Eats	2~8				
	Postmates	1.99~3.99（合作商家）5.99~9.99（其他商家）		12	1.99	
零售配送	Walmart	7.95~9.95		30		12.95
	Instacart	3.99~7.99		35		8.25

另一方面，线下零售无人配送可以在节能减排、帮助弱势群体等方面做出贡献。美国属于低密度居住国家，民众通常驾车去10千米内超市采购。而无人配送车均为电动车，替代大排量燃油车出行，可有效降低碳排放。此外，还可帮助老人、残疾人等无法驾驶车辆的弱势群体进行生活用品采购，降低国家的福利财政开支。

受法律限制，日本的无人配送场景局限于封闭园区之内。日本法律未明确无人配送车在公开道路行驶的合法性，ZMP、亚马逊、京东等企业只能在封闭的办公园区、公园内进行示范应用。其中，ZMP 已在日本的多地园区开展外卖、药品等配送；与经营寿司外卖的 Ride On Express 在办公楼等地开展了无人配送测试，可在人行道行驶；与三菱电机和竹中公司合作，开展文件配送业务；与罗森合作，在庆应义塾大学校园内进行零售配送。

欧洲的瑞士、英国、爱沙尼亚等国已开展无人配送测试。无人配送有助于缓解劳动力市场短缺，并有助于老人独立生活。欧洲国家人口老龄化严重，其人口中位数已经达 42 岁（图 4-18）。同时，为应对快递员的用工荒、减轻大龄邮递员在派件过程中的身体负担，德国 Hermes 快递、爱沙尼亚邮政、瑞士邮政等先后与自动驾驶创业公司合作，开展无人配送测试。部分企业也可以提供服务帮助老年人独立生活，如取回干洗衣物或杂货。

图 4-18　各大洲人口年龄中位数

在欧洲多数国家，无人配送仍处于道路测试阶段。在线下零售方面，Teleretail 在瑞士面向商店开展无人运输服务测试，以增加配送便利性。在包裹投递方面，瑞士邮政、爱沙尼亚邮政、德国 DHL 等企业在各地进行了无人配送测试。园区配送方面，Eurovia UK 也在英国开展了封闭区域内工业物料及工具的配送测试。

Starship 在英国 Milton Keynes 开展了小范围商业试运营。当地居民可从商店订购食品，由 Starship 的无人配送车进行配送，每月支付 7.99 英镑的服务订阅费或按次支付 2~3 英镑。同时，无人配送也让 Milton Keynes 从缓解交通拥堵中受益，并考虑逐步扩大使用范围。

（二）重点国家管理模式

1. 美国无人配送车主要按个人配送设备和低速车两类进行监管

在联邦政府层面，美国尚未对个人配送设备（Personal Delivery Device, PDD）统一立法，但已有部分州颁布了对无人配送车进行监管的相关法规，按产品类型分为两类：一是新发布的 PDD 法规，二是遵从现行机动车法规。在没有法规支持的地区，可申请试点以获得上路许可。

1) 体积小、行驶在人行道的无人配送车按个人配送设备进行管理。美国已有五个州发布 PDD 法案，对在人行道行驶的小型无人配送车进行监管。弗吉尼亚是全美第一个通过该法律的州，并建立了 PDD 的监管框架，规定在该州所属辖区内没有特殊禁令的情况下，可授权 PDD 进行测试和商业运营。其中，对 PDD 的定义为必须是电动设备，且要满足以下要求：

① 在人行道和人行横道上运行，主要用于运输货物。

② 重量低于 80 磅（1 磅≈0.45 千克，不包括货物）。

③ 最高车速为每小时 10 英里。

④ 允许在有或没有自然人主动控制或监视的情况下对设备进行操作。除非法律明确定义为车辆，否则 PDD 不被视为车辆。

各州对远程操作员、行驶区域、路权的规定相对一致。第一，不要求无人配送车运行时有操作员跟随，只需有人远程监控以便在出现问题时接管；第二，PDD 不得在公共高速公路上行驶，且在无操作员操控或监视时，不得在人行道上运行；第三，在人行道上行驶的 PDD 可借鉴行人的所有权利和义务，但必须以不干扰行人或交通为前提，并且必须让道行人。

各州对 PDD 的限重、限速与保险要求稍有差异。各州和地方政府对此类型无人配送车的重量限制不一,但限速基本都是 10 英里/时(旧金山除外,见表4-6)。部分州要求拥有及运营 PDD 的人或其代理人购买保险,针对 PDD 操作所造成的损失提供至少 10 万美元的一般责任险。

此外,华盛顿特区通过的 PDD 法案对申请测试流程做了更加详细的说明。企业申请测试时,需要证明其产品的安全性,并能识别汽车、自行车、行人、道路标志及路灯等事物。企业向特区交通部门提交申请,需表明意向测试地并缴纳 250 美元(不退);获批后,一年内可部署五辆无人配送车进行测试。

表4-6 美国部分州、城市的 PDD 法规

州/城市	颁布时间	限速/(英里/时)	限重/磅	详细法规
弗吉尼亚	2017.2.24	10	50	允许在人行道上测试 政府可以根据条例禁止无人配送车在某些特定区域行驶
爱达荷	2017.3.24	10	80	允许在人行道上测试 政府可对人行道上行驶的无人配送车安全问题做进一步规定
佛罗里达	2017.6.23	10	80	允许在人行道上测试 政府可对人行道上行驶的无人配送车安全问题做进一步规定 缴纳 10 万美元商业一般责任保险
威斯康星	2017.6.21	10	80	允许在人行道上测试 政府可以根据条例禁止无人配送车在某些特定区域行驶
俄亥俄	2017.6.30	10	90	允许在人行道上测试 政府可以制定适用于无人配送车的其他规定 缴纳 10 万美元一般责任保险

（续）

州/城市	颁布时间	限速/ （英里/时）	限重/磅	详细法规
华盛顿	2016.10.8	10	50	如果出现技术问题，所有者必须在 24 小时内取回机器人
奥斯汀	2017.8.10	10	300	缴纳 100 万美元一般责任保险
旧金山	2017.12.5	3	不限重	一般、汽车和工人的补偿保险（未指定金额） 每张许可证允许持有不超过 3 个机器人 操作人员必须在 30 英尺（1 英尺≈0.3 米）范围内

2）体积大、行驶在机动车道的无人配送车按低速车进行管理。体积与载重较大、车速较快的无人配送车归属于低速车辆进行管理。在美国，除货车以外的任何四轮车辆，若其最大速度大于 20 英里/时但不超过 25 英里/时，则属于低速车辆。例如，Nuro R2 采用机动车改装，整车重 1150 千克，载重 190 千克，最高速度在 20~25 英里/时之间，符合低速机动车的定义。

归属机动车的无人配送车需要按相关法规申请测试牌照。美国已有 26 个州通过立法及 7 个州发布行政命令，许可自动驾驶汽车在开放道路测试，但需要有安全员。仅有加州、亚利桑那州等开放了无驾驶员的测试申请。而无人配送车由于没有驾驶舱，部分会使用安全随行车辆跟在后面作为检测平台，车中操作员会在紧急情况下接管测试车辆。

没有驾驶室的无人配送低速车进行规模部署时，需递交豁免申请（图 4-19）。2020 年 2 月，Nuro 正式获得 NHTSA 的豁免，批准未来 2 年部署 5000 台低速无人配送车。在新车型 R2 中，可去除多余的零部件（包括风窗玻璃、后视镜、侧视镜），使整体更适合用于无人配送。具体豁免要求如下：

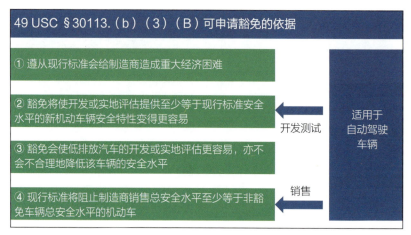

图4-19 美国豁免法律规定适用于自动驾驶汽车

① 美国上位法支持豁免。《国家交通和机动车辆安全法》授权交通部长在特定情况下,可暂时豁免不符合联邦机动车辆安全标准(FMVSS)或保险杠标准的机动车辆,执行权力下放给NHTSA。

② 企业层面。制造商向NHTSA提出豁免申请时,必须提供材料自证创新性与安全性:创新性自证材料包括产品与现行标准有何不同、具体的部件描述等;安全性自证材料需要分析申请的车型安全水平等于或超过现有标准。此外,还需要证明临时豁免有助于车型的开发或实地测试。

③ 审批层面。NHTSA根据交通运输部(DOT)和NHTSA的调查结果,行使全部或部分授予车辆制造商临时豁免的权力,并保障豁免符合公共利益和"车辆安全法"的相关目标。在审批完后需要进行公示,公众可在公示期内提出反对意见;NHTSA考虑公众意见后,再做最终决议。

④ 取得豁免的车辆可用于开发测试,但每年可生产数量有限制。《49 USC §30113. 一般豁免》法案中,关于豁免车辆可生产数量的规定为,每12个月不得超过2500台。

除申请准入豁免外,SELF DRIVE Act法案对网络安全和隐私保护做了进一步要求。该法案要求高等级自动驾驶车辆的制造商必须在出售车辆之前制作网络安全计划，包括如何检测及应对网络攻击。同时，制造商需要向购买者提供书面的隐私保护方案。

3）未颁布相应法规的地区按试点进行管理。在没有立法的州，也可以通过申请试点进行测试。美国印第安纳州西拉斐特市采用试点项目管理的方法，颁发许可证，允许无人配送车在规定服务区域送货。2019年，Starship获得试点许可证，在普渡大学和附近的开放人行道上合法进行测试与运营，运送食物、杂货和包裹。

试点管理办法对无人配送的运行范围、载重、行驶速度、运维等细节做了详细规定。

① Starship一次最多只能投放30个PDD，其空载总重量不得超过100磅，最大运行速度为4英里/时，且每个PDD上要标注所有者的联系方式，以便紧急情况下联系所有人。

② PDD必须向公共空间的所有合法使用者，包括行人、骑自行车者和车辆让路；如果PDD遭到破坏或任何方式的损坏，Starship必须在两个小时内将其从服务中移除。

③ PDD需要在远程操作员的监督下运行，如发生技术故障或通信中断时，操作员必须直接对PDD进行控制，或其能自主安全地停靠在路边。

④ 夜间配送时，必须打开其前后车灯，以保证驶过的机动车在打开近光灯的前提下，可在500英尺外看见它。

此外，Starship每季度要向管理方递送测试及商业合作报告，并进行节能减排分析。如果试点计划可让城市从中受益，那么该市将制定法令，以允许其扩大无人配送的服务区域。

2. 欧洲各国对无人配送车测试管理方法不尽相同

1）德国采用许可制度规范无人配送车上路。德国的无人配送车需要向政府申请许可才能上路。Starship 的小型无人配送车经过德国专业检测机构莱茵（TÜV）检测认证后向政府申请特殊许可证，可在人行道上进行测试。DHL 在德国部署的 PostBOT 获得政府批准后，在试点区域进行测试。由于其体积较大，需要跟随邮递员进行派件。

车辆认证许可的同时，需要针对指定的运营线路进行检验认证。当前的无人配送车的自动驾驶功能只能在设计可行驶区域（Operational Design Domain，ODD）中使用，因此德国在对无人配送车辆认证的同时，也针对特定的运营园区、运营线路进行检验认证。

2）英国按照微型移动车辆类别进行监管。英国政府将微型无人配送车归属为微型移动车辆类别进行监管，默认情况下将其视为机动车辆。该类别还包括电动滑板车，但英国针对无人配送车单独设置产品规格要求。

① 准入方面，制造商提供自证材料或通过型式认证，并要求车辆最高速度为 20~25 千米/时，且运营方必须投保 500~1000 万英镑的赔偿保险。

② 监管方面，要求企业（如 Starship）每两周提供一次关于事故或问题的报告。

③ 在事故责任方面，管理部门不为事故承担任何责任，由运营方作为第一责任人。

英国政府正在制定正式监管要求，以确定是否以及如何在道路上安全使用这些车辆。2020 年 3 月，英国交通部就如何监管人行道上无人配送车的运营，面向公众征求意见，并将制定相关法规。英政府认为此类车辆比道路上大多数车辆更轻、更慢，给其他交通参与者带来的风险较低，相关监管应与风险相称。

Milton Keynes 目前正在商议许可证制度的可行性。该地区项目仍处于试验阶段，市政部门也将从中总结经验，并在法规制定中起带头作用。预计采用类似于出租车的监管方式，给无人配送车颁发许可证，证书数量将受限于运输网络的容量。

3. 国外管理经验给我国无人配送车发展带来的启示

尽早将无人配送车纳入交通体系，建立监管规则和要求。各国根据载重、速度、行驶车道等将无人配送车划分为PDD、机动车等类型进行管理。我国可借鉴相关经验，尽快为无人配送车做出定义与分类，明确路权、测试运行安全要求，以推动无人配送车规范化上路测试运营。

适当放宽无人配送车上路许可的准入要求。无人配送车带来的风险低于其他车辆，相关监管政策应与风险相称。国内可充分考虑其可能风险，制定相对宽松的准入要求和上路政策。

通过示范试点项目，量化衡量无人配送车的经济效益与社会效益。允许企业在指定区域的开放道路及园区先行先试，开展测试和试运营，验证无人配送的商业模式。同时，企业应将测试及商业运营数据与管理方共享，用运营数据衡量其经济效益与社会效益，以便进行更广范围的推广。

无人配送企业对外寻找海外商机，对内尝试多元合作。一方面，发达国家相对较高的配送费，为无人配送提供了良好的盈利空间。尤其是自动驾驶初创企业，可寻求海外市场快速为自身"造血"。另一方面，除与物流、外卖合作外，无人配送初创公司还可与商超、干洗店等多元企业合作，推出既可面向商家收费，也可面向消费者收费的服务，探索出可持续盈利的商业模式。

三、国内产业发展

（一）国内产业基础

国内无人配送车具有完整产业链，已开始小批量生产

得益于"互联网+"和人工智能的发展，国内无人配送车拥有完整的产业链优势（图4-20）。借助国内丰富的落地场景，上下游企业之间合作、大公司与初创公司之间合作都将更加密切，市场参与者角色分工也将更加明确，推动产业链持续、健康发展。

图4-20 国内无人配送车产业链

1）上游关键技术发展较快，核心零部件逐渐国产化。无人配送是自动驾驶技术的具体应用，大多数技术跟一般自动驾驶技术相同，包括感知、决策与控制。无人配送车成本占比最高的三大核心零部件为激光雷达、计算平台与线控底盘。

无人配送车普遍采用16线的激光雷达，且逐渐国产化。一方面，无人配送车与乘用车的激光雷达供应商相同，但其具有制造工艺要求低、价格低的优势，更易量产。另一方面，国内激光雷达技术已逐渐成熟，国产品牌逐步增多（表4-7）。国内低线束激光雷达技术的快速发展以及较为便宜的价格，为无人配送车量产做好铺垫。

表 4-7　2019 年/2018 年激光雷达品牌属性分析

品牌属性	2019 年		2018 年	
	国外	国内	国外	国内
品牌示例	Velodyne	禾赛、速腾聚创	Velodyne	禾赛
线数	16、32、64	40、16	16、32、64、128	40
方案数量	9	6	8	2
方案占比	60%	40%	80%	20%

在计算平台方面，国内企业也有新突破。目前，无人配送车主流使用英伟达 Jetson AGX Xavier 平台，国产芯片及计算平台也在奋力追赶。2020 年 1 月，地平线在 CES 上发布中国首款车规级 AI 芯片征程二代，以及基于该芯片的 Matrix 计算平台。近期，华为 MDC 计算平台也获车规级认证。目前，新石器宣布采用 MDC 计算平台推进无人配送车规模化生产，预计未来更多解决方案提供商迎来计算平台国产化。

无人配送车线控底盘与乘用车差异较大，国内已出现成熟供应商。无人配送车底盘采用整车电子电气架构、线控制动、车规级电子控制单元（ECU）等机动车底盘架构，但其底盘尺寸比一般汽车小。许多传统汽车上的零部件，比如轮毂、轮胎、制动器等无法直接使用，需要开发专用底盘。早期，部分自动驾驶企业自己造车，现在国内无人配送车产业分工逐渐清晰。国内线控底盘制造商主要包括新能源汽车相关、机器人移动平台转型、高校孵化等，产业发展相对成熟（表 4-8）。新石器在常州自建工厂，有资方车和家的加持，自研自产车辆底盘成熟度高，但国内底盘相关的技术、生产标准有待统一。

表 4-8 国内无人配送车线控底盘主要制造商

企业	成立时间	产品	背景	合作企业
新石器	2018 年	欧洲 L6e 轻量级底盘	新能源汽车相关、车和家投资	自用
智行者	2015 年	整车	自动驾驶解决方案商,自建工厂	自用
易咖智车	2017 年	X-80 通用线控底盘	新能源汽车相关、车易咖孵化	未披露
煜禾森	2013 年	前转后驱底盘 FR-05	机器人移动平台转型	京东、顺丰
中云智车	2018 年	"中云 1.0" 小型无人车底盘 "中云 2.0" 中型无人车底盘	北理工孵化	百度
酷黑	2016 年	KuGaea·坤(底盘+整车)	北理工孵化	百度

2)厂商结合国内特点研发,部分已进入小批量生产阶段。国内无人配送车具有多货仓、大容量、按非机动车规则行驶的特性。目前,无人配送车以单车智能为主,在道路或园区覆盖通信网络、部署 RTK 基站(如需),就可行驶。结合国内人口密度大、运输距离短、配送业务量大等特点,无人配送车的货仓在 18 个以上,最大载重通常为 200~500 千克。大多数公司产品在非机动车道行驶,或在机非混行道路上靠右行驶,且多为固定线路。

在前期经过了大量的测试,自动驾驶技术已得到较为充分的验证。行深智能已在国内外投放了百余台无人配送车进行测试,"超影"系列在 2019 年底完成了 400 千米开放道路的连续无故障运行,并计划 2020 年小批量生产 1000 台。京东、新石器、智行者等也均部署超过百余台车辆进行测试验证,部分企业已经拿到商业订单。常见无人配送车技术参数见表 4-9。

表4-9 常见无人配送车技术参数

企业	产品型号	应用场景	产品尺寸/m	最大载重/千克	设计最高车速/(千米/时)	测试时最高车速/(千米/时)	行驶规则	客户
京东	智能配送机器人4.0	快递配送	2.1×1.0×1.7	200	30	25	非机动车	日本乐天
智行者	WBD-C81	快递配送 即时配送	1.8×0.8×1.2	80	10	10	非机动车	京东、德邦、美团等
行深智能	超影800C 超影1000C	快递配送 即时配送 工业物流	1.72×0.8×1.65	200	20	18	非机动车	京东、美团、富士康等
	奔霄4000G	工业物流	3.2×1.5×1.8~2	1000	35	20	园区机动车	富士康等
	翻羽1000C	快递配送	2.1×0.8×1.3	200	20	18	非机动车	中国邮政
新石器	SLV11	配送	2.5×1.0×1.7	300	60	20	待法规明确	美团、京东、阿里、地方政府等
白犀牛	白犀牛	即时配送	2.5×1.0×1.8	500	25	25	非机动车	未知
一清	夸父	生鲜配送 工业物流	3.2×1.3×1.65	2000	35	25	机动车	富士康、华为、顺丰
	夸父Mini	快递配送 无人售货	1.75×0.75×1.45	300	30	20	机动车	云天励飞

（二）国内商业化进程

1. 疫情刺激短期内无人配送市场需求，缓解劳动力不足的困境

疫情期间订单量大、劳动力不足，无接触配送需求旺盛。一方面，新冠肺炎疫情期间，各地民众均闭门不出，使用线上方式采购物资，食材销量环比增幅达200%[一]，大大增加了配送业务量。然而，由于疫情暴发正值春节，大量劳动力已返乡且部分配送人员被隔离，劳动力严重不足。另一方面，医院、隔离点、社区等也更希望可以采用无接触的配送方式，降低快递员与消费者的感染风险。

路面车少人少，各地监管宽松，为疫情期间无人配送车上路创造了条件。面对新冠肺炎，各地政府启动突发公共卫生事件一级响应，禁止或减少人员、车辆出行，客观上为无人配送车上路运行降低了道路环境的复杂程度。同时，多地政府放宽监管，支持无人配送车的试点，缓解了配送人员不足的困境。

无人配送的作业方式和优势在疫情期间被公众更广泛认知。在市场需求和宽松监管的双重作用下，疫情期间，多家电商、物流及自动驾驶企业纷纷将产品投入试点，用无人配送的方式为医院、小区、商业区配送医疗及生活物资（表4-10）。例如在北京市顺义区，美团投放无人配送车为居民提供送菜服务。客户下单后，配送调度系统会将订单指派给无人配送车，由其完成取货、送货、交接等动作，整个配送流程隔绝了人与人的接触。

习近平总书记在统筹推进新冠肺炎疫情防控和经济社会发展工作部署会议上指出："疫情对产业发展既是挑战也是机遇。一些传统行业受冲击较大，而智能制造、无人配送、在线消费、医疗健康等新兴产业展现出强大成长潜

[一] 《2020春节宅经济大数据》，美团，2020.2.19。

力。要以此为契机,改造提升传统产业,培育壮大新兴产业。"这一重要讲话不仅肯定了无人配送在抗击新冠肺炎过程中发挥的重要作用,也为交通行业未来发展指明了方向。

表4-10 疫情期间各企业无人配送应用情况

企业	产品类型	应用城市	配送场景	配送内容
京东	配送机器人	武汉	物流站→医院	医疗用品、生活物资
百度	阿波龙小巴	北京	商圈	餐饮
	新石器无人车	北京	酒店→医院	餐饮
美团	无人车	北京	商家→小区内	外卖、买菜
菜鸟网络	车载自提柜	杭州	小区内	快递
一清	夸父无人车	山东淄博	物流港→农村	生鲜蔬菜
行深智能	无人投递车	湖北仙桃	政府及直属单位	邮政投递

2. 多数公司计划三年内量产,价格成本成为其中关键一环

预计2020~2022年部分公司实现规模化量产。目前,无人配送车硬件成本为30万~50万元,其中线控底盘、激光雷达以及计算平台约占总成本的70%以上。同时,车辆外形、传感器安装支架等都为手板件,小批量生产成本较高。

大规模量产后整车成本有望降至15万元以下,甚至10万元以内(表4-11)。一是产业链成熟后,各环节拥有标准化、系统化生产过程,可降低生产成本。二是大批量生产摊薄研发费用,降低单位成本。三是核心零部件国产化带来成本显著降低。例如大疆发布的固态激光雷达Mid-40与Mid-100,分别具有40°和100°水平视场角(FOV),组成360°的32线雷达成本为5400~6000美元。而Velodyne 32线的激光雷达售价约为4万美元,成本降低明显。

表 4-11　各公司无人配送车的量产计划及成本预期

企业	产品型号	传感器配置	测试部署地点	测试车数量	量产计划	生产	预期量产成本
京东	智能配送机器人 4.0	16 线激光雷达（X3） 毫米波雷达（X0） 摄像头（X6） 超声波雷达（X12）	北京、呼和浩特、武汉、日本等地	100+	2020 年	代工	10 万元以内
美团	魔袋	—	北京等地	—	—	代工	≤15 万元
智行者	WBD-C81	16 线激光雷达（X2） 摄像头（X5） 超声波雷达（X10）	北京、上海、广东等地	几十台	2018 年	自产	—
行深智能	超影 800C 超影 1000C	单目摄像头（X1） 双目摄像头（X1） 环视（X1） 16 线 LIDAR（X2） 毫米波雷达（X3） 超声波雷达（X12）	北京、呼和浩特、贵阳、日本等地		2020 年 1000 台、2022~2023 年大批量	代工	≤15 万元
行深智能	奔霄 4000G	单目摄像头（X1） 双目摄像头（X2） 环视（X1） 16 线 LIDAR（X3） 毫米波雷达（X2） 超声波雷达（X12）	深圳	百余辆	2020 年 100 台、2022~2023 年大批量	代工	≤25 万元
行深智能	翻羽 1000C	单目摄像头（X1） 双目摄像头（X1） 环视（X1） 16 线 LIDAR（X3） 毫米波雷达（X2） 超声波雷达（X12）	北京、河北雄安、浙江德清、湖北仙桃		升级型号，产量待定	代工	≤15 万元
新石器	SLV11	16 线激光雷达（X3） 摄像头（X4） 超声波雷达（X12） 激光雷达（X1）	北京、上海、广州、西安等地	200+	已经量产	自产	

（续）

企业	产品型号	传感器配置	测试部署地点	测试车数量	量产计划	生产	预期量产成本
一清	夸父	16 线激光雷达 固态激光雷达 超声波传感器	山东、深圳	40	2020 年	自产	
	夸父Mini	16 线激光雷达 4 线激光雷达 固态激光雷达 视觉摄像头 超声波传感器	山东、深圳	5	2020 年	自产	

3. 无人配送对人力成本的可替代性，影响整体商业化进程

无人配送市场的最终打开将取决于路权与成本。一方面路权的开放影响无人配送车能否上路，以及接受怎样的监管，下文将具体论述。另一方面，物流本身是对成本极为敏感的行业，在无人配送成本低于人工成本之前都很难大规模推广。

各公司预期无人配送车量产价格为 15 万元，若其使用寿命为 3 年，每年 15% 的运维费用，每月综合成本 6042 元，略低于快递员平均薪酬 6281 元/月（图 4-21）。

图 4-21　快递员平均工资走势图

1）在快递配送方面，快递员一般每天送100件，每月工作23天，每单成本约2.7元。无人配送车每月可工作30天，若每天送出75件快递，可持平每单成本。

2）在配送方面，根据美团2019年半年报，其每日外卖订单为2070万，上半年骑手成本约为177亿元，每单成本约为4.7元，如采用无人配送车每天送出约42单方可持平，而目前骑手平均每天送出25～35单。

当无人配送车价格为15万元时，有望进入市场，对快递配送的吸引力超过即时配送。由于无人配送车只能完成配送整体环节中的部分功能，不能节省拣货打包成本，也不能节省入户送达成本。整体规模化应用，则需成本进一步降低，市场期待价格或在10万元以内。

（三）国内商业化趋势

1. 无人配送车可能会经历三个发展阶段，最终催生新生态

随着自动驾驶技术的快速迭代、5G网络逐步商用，无人配送车的兴起将会从优化旧的商业模式开始，最终催化新的生态，可能会经历三个阶段（图4-22）。

图4-22 无人配送可能经历的阶段

1）简单场景。在发展初期，较多应用在诸如高校、产业园或夜间配送，满足部分快递需求，如信件、药品、夜宵等，可能会出现无人售货车、校园快递车等商业模式，并在此过程中提升可靠性，探寻运营管理规范。

2）优化旧模式。无人配送车能在复杂场景中运行，且单车成本进一步降低，各电商平台、快递公司使用无人配送车替代快递员、即时配送员，降低配送成本，提升商家快递、外卖份额及服务质量，对已有商业模式进行优化。

3）新生态。无人配送车结合城市新的智能基础设施，形成无人服务基础设施，整合零售、物流、安防等，形成新生态，提供更高效、更好体验的多业务服务。

2. 无人配送市场规模可观，众多公司纷纷战略布局，以期抢占市场先机

面对广阔市场，众多企业参与其中，主要分为两类：一是京东、美团、顺丰等自带物流配送业务的大企业，通常采用自研+合作的方式推进，并利用自身场景测试，希望通过无人配送降本增效；二是从技术切入市场的初创公司，如新石器、智行者等，期望利用低速载物实现自动驾驶的快速商业化。

四 挑战及建议

（一）挑战

1. 法律属性尚未厘清，游离于交通监管之外

尚未明确无人配送车的监管范畴，是属于"机器人"还是"车辆"。一方面，按机器人管理，目前法律并不禁止机器人上路。疫情期间，大部分企业的无人配送车通常以"机器人"身份向当地政府提交申请，当地政府审批备案后，牵头协调公安、交通等部门给予其试点运营支持。另一方面，按车辆管理，现行法律法规尚不支持"无人驾驶车辆"量产上路。无人驾驶车辆需经过考核后，获得测试牌照在指定区域内上路测试。但目前各地颁布的《智能网联汽车道路测试管理规范》只针对乘用车和商用车辆，不包括低速车、摩托车以及其他非机动车。

缺乏对无人配送车这类交通参与者的规定，不明确其属于"机动车"，还是"非机动车"。一方面，根据《中华人民共和国道路交通安全法》中对"机动车[一]"与"非机动车[二]"的定义，无人配送车"用于运送物品以及进行工程专项作业的轮式车辆"的属性更贴近于"机动车"类别。但若定义其为机动车，则需要进行场地测试、公开道路测试方能上路，同时接受严格的产品标准、市场准入、牌照等管理。因此，需要针对无人配送车修订现行《智能网联汽车道路测试管理规范》，或另行制定道路测试管理规范。另一方面，无人配送车暂时也难以被定义为"非机动车"。"非机动车"在最高时速、空车质量、外形尺寸等方面必须符合国家标准，如电动自行车的国家标准是车速不超过 20 千米/时[三]，质量不超过 40 千克。相关标准的缺失，使无人配送车处于在交通监管的灰色地带。

无人配送车在道路事故中的法律责任主体不清晰。目前，我国已量产的自动驾驶车辆均为 L3 级以下，驾驶员是道路事故责任的首要追责方。首先，针对自动驾驶测试车辆，目前法规并不允许"无人"驾驶，要求驾驶座上要有安全员，并作为交通事故首要追责方。而无人配送车并没有驾驶座，在测试前期有安全员随行，后期测试成熟后只有远程监控员。其次，对于无人配送车的安全接管，尚无明确要求。无人配送车上路发生交通事故时，如何判定责任，由谁来承担相关刑事、民事与行政处罚等问题尚待确认。

[一] 法律规定，"机动车"是指以动力装置驱动或者牵引，上道路行驶的供人员乘用或者用于运送物品以及进行工程专项作业的轮式车辆。

[二] 法律规定，"非机动车"是指以人力或者畜力驱动，上道路行驶的交通工具，以及虽有动力装置驱动但设计最高时速、空车质量、外形尺寸符合有关国家标准的残疾人机动轮椅车、电动自行车等交通工具。

[三] 法律规定，残疾人机动轮椅车、电动自行车在非机动车道内行驶时，最高时速不得超过 15 千米。

2. 无人配送产品的标准体系亟待完善

1）缺乏行业标准，更缺乏国家标准。针对无人配送车，目前只有中关村标准化协会技术委员会提出并归口的《服务型电动自动行驶轮式车技术规范》，对于无人配送车的物理特性、自动驾驶功能做了规定。该标准属于团标，由企业自愿选择，缺乏约束力。

2）缺乏产品安全、道路测试标准。一方面，已有代工厂或自建工厂生产无人配送车，但由于无人配送车法律属性不清晰，对产品生产管理体系难以形成行业规范，导致产品良莠不齐，存在一定安全隐患。另一方面，无人配送车真正上路需要测试准入，以对其他的交通参与者安全予以保障，目前该方面仍属空白。

3）是否应该遵循自动驾驶的设计准则有待讨论。自动驾驶对于汽车功能安全有非常严格的标准，如汽车电子功能安全标准 ISO 26262、预期功能安全标准 ISO 21448 等。此类标准对于无人配送过于苛刻，行业如何参考相应的安全标准，更侧重哪方面，值得探讨。

3. 缺乏基础配套设施方面的支持

1）缺乏本地部署或者边缘计算的资源支持。无人配送车数据量非常大，每天回传 1~2 太比特的数据。由于缺乏本地或者边缘服务器支持，数据回传的稳定性和效率均有待提高。

2）缺乏通信基础设施的支持。完全实现无人化之后，运营方与无人配送车之间唯一的联系是通过网络监控。因此通信的稳定性、即时性影响着车辆安全。在目前 4G 环境下，首先，容易出现通信被遮挡、基站覆盖不够、接入量太大而拥堵等，造成信号断掉或卡顿。其次，缺乏专用信号通道，通信稳定性不够。

3）由于无人配送车刚刚起步，尚未形成成熟的商业模式，缺乏停靠点建设、充电设施建设、V2X等配套支持。

4. 技术成熟度有待在更复杂环境下验证

1) 复杂道路环境决策规划存在挑战。首先，疫情期间行驶环境相对简单，但在正常运营环境中，路上行驶有较多自行车、电动车，而且驾驶者常常不受交通秩序约束，可能与无人配送车产生较多冲突。其次，建筑更密集、路边树木遮挡较多，造成卫星定位信号丢失或飘移。这些真实环境，都对无人配送车的感知、定位以及决策规划提出了较高挑战。

2) 车辆稳定性也需要经受考验。无人配送车能否满足高强度下的配送要求，能否满足雨雪、大风等极端天气配送的要求，能否满足光线不足、夜间行驶要求等，都充满了挑战。

（二）建议

1. 开展无人配送车管理体系研究，尽早将其纳入交通参与者

厘清无人配送车法律属性，并在我国交通体系中给予明确地位。默许无人配送车违规发展或强制取缔都不符合科学发展要求，加强管理并逐步引导其规范发展利大于弊。

建议尽早地构建一套行之有效的管理体系。将无人配送车列入法定交通参与者，实施归类管理，明确投资、准入、路权、牌照等管理要求，并完善相关标准加以引导（图4-23）。

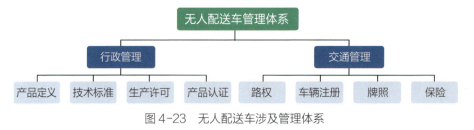

图4-23 无人配送车涉及管理体系

建立无人配送车管理体系涉及两个方面：一是对产品的定义、技术标准、生产许可、产品认证等的行政管理；另一个是路权和车辆注册、牌照、保险等的交通管理。尽快开展研究，将无人配送车根据产品结构、性能和用途特点归类到最合适的车辆类别，或单归新一类，以适应现行的行业管理和交通管理体系。

2. 建议采取"安全第一、有序创新"的政策方针

建议政府本着安全第一、有序创新原则，在保障安全前提下，出台无人配送相关科学实践的落地政策，允许企业先行先试，加快无人配送真实落地速度。

给供需双方在市场环境下留出大胆创新的空间。无人配送车与共享出行、即时配送等新兴产业一样，是由需求导向、市场推动发展起来的。应积极引导和鼓励消费者使用无人配送，建立消费习惯，促进商业化发展。

3. 建立跨学科、跨行业、跨部门的协同机制，推动产业共识

建立无人配送车领域跨学科、跨行业、跨部门的协同机制。一是将政府各部门、行业协会、上下游企业、科研机构及投资机构等在产业发展中的角色定位清楚；二是建立沟通机制，就行业管理问题逐一与发改、工信、交通、公安、住建等主管部门对接，探讨无人配送物流体系、商业模式和技术落地的解决方案（图4-24）。

在产业协作层面，达成无人配送车落地时间与节奏的共识。助力加强产业上下游合作，底层重点推动5G网络覆盖、IoT基础设施建设等，同时以大规模商业化为导向，拓展对应新型保险险种等外围保障。

4. 分区域分时段示范，逐步扩大无人配送车应用

1）分区域开展无人配送示范推动和局部应用。推广思路为"以大城市为主，逐步推广到中小城市"，加快无人配送车应用。一是大城市对创新发展有

图 4-24 国家各部委在无人配送车领域管理职能关系

更多政策鼓励；二是大城市有更多元的市场需求和更复杂的交通场景；三是大城市居民对新科技有更强包容性和接受度。一旦在大城市某个局部有所突破，示范性和推广性即具有更强生命力。综合道路交通环境、市场需求与用户接受度，建议在大城市内的高校、新兴产业园区等率先示范。

2）分时段推动无人配送车上路。为解决人车冲突等问题，建议采用分时段分车道机制。在车流与人流较少的时段，率先允许无人配送车加入，和普通车辆、非机动车混合运行，并建立持续跟踪评估体系，针对存在问题提出解决方案与政策建议，逐步拓展到更多时段。

3）导入无人配送车规范管理试点。选择部分基础较好、积极性较高的地区率先导入无人配送车管理规范，总结成功与不成功的案例，促进社会共识，验证产品标准、认证标准和道路交通管理的适应性，为标准和法规的修订提供依据，将无人配送先行先试区域的先进经验推广到全国。

5. 建立无人配送车技术标准体系，形成准入许可制度

进一步完善无人配送产品标准体系，形成行业共识，共同推进制定。一

是对产品进行定义，包括车辆外廓尺寸、整车质量、最高车速、加速性能和续驶里程等参数，以及保障安全的最低限度的配置。二是建立道路测试标准、产品安全标准。基于我国复杂的道路交通情况，特别建议标准中引入碰撞安全要求，以保证其他交通参与者的人身安全。

建立准入许可制度。借鉴美国交通部门对 Nuro R2 的豁免政策，在保证安全的前提下，对技术领先的企业允许率先进入市场。同时，推动无人配送车功能测试、安全测试、车-路-云通信等行业标准，并推动形成常态上路许可制度。

自动驾驶应用场景与商业化路径

第五章
无人公交

一、无人公交场景

（一）公交场景特点

目前，我国公交的发展资金主要来自政府投资和补贴，国内大城市公交企业的政府补贴资金占营业收入比例普遍大于50%。公交车是循环行驶在固定路线，有或者无固定班次时刻，承载旅客出行的机动车辆，是最普遍的大众运输工具（图5-1）。公交关系国计民生，不能完全按市场化机制运营，公交企业的成本远大于收入，其中的收支缺口需通过政府补贴资金来填补。

图 5-1 传统公交场景的三个特点

公交行业目前面临客运量减少、驾驶员招聘难、人工成本高等问题。一方面，近年来，新增地铁线、网约车、共享单车等丰富了出行方式，大大挤压了公交车的空间，客运量不断减少。另一方面，公交驾驶员需要 A3 及以上的驾照，门槛较高，工作性质比较单一且强度较高，愿意选择公交驾驶员作为职业的人员偏少。公交是传统劳动密集型企业，人员成本占经营成本的比例非常高，在国内大城市超过 40%。

（二）自动驾驶带来价值

自动驾驶公交车是运用自动驾驶技术，在设定好的路线上实现无人运行。自动驾驶公交车能有效解决驾驶员招聘难、传统公交人力成本高等问题。随着自动驾驶技术的成熟，乘客在公交车上能够接受更为广泛的公交服务，乘坐体验更好。

二、全球应用现状

（一）重点企业应用现状

国外最早投放市场的自动驾驶公交车型是小型摆渡车，如 Navya、Easymile 的 4 米小巴，没有驾驶室和方向盘，只能在景区、公园、校园等封闭区域内低速运行，不能到开放道路上行驶。

Easymile 无需在混合交通（汽车、自行车和行人）中使用专用基础设施，并配备了多层冗余系统，以最大限度地提高乘客和道路使用者的安全。同时还配备了黑匣子模块记录各种传感器的原始数据，若发生严重事故，将在事件发生之前和之后记录所有数据，以帮助理解和诊断事件。

Navya 的自动驾驶小巴 AUTONOM SHUTTLE 在所有功能上至少提供了三倍冗余，确保可靠性。同时配备有调制解调器，可与 Navya 监管中心进行通信（不需要永久连接车辆）。

Easymile 和 Navya 最早进行商业化尝试，全球投放了不少车辆，但没有产生预期的经济回报，技术也存在很大局限性。日本日野公司的自动驾驶巴士在机场、部分县市开展巡展运行。向部分乘客开放试乘，但还没有开通长期的示范运行线路，也还没有开展商业化运营（表 5-1）。

表 5-1 国外自动驾驶公交车代表企业及产品

企业名称	地区	产品	发布年份	产品特点	示范地点	解决痛点	合作伙伴
Easymile	法国	公交车	2015	车内无任何控制装置，6个座位，满载12人；巡航速度为20千米/时，最高车速为40千米/时	法国、荷兰、芬兰、瑞士、日本千叶县	实现无人智能运输	自主研发/未披露
Navya	法国	公交车	2018	可搭载15名乘客（11个座椅，4个站位）	法国戴高乐机场、日本	管理和优化交通流	Charlatte Manutention
Sensible 4	芬兰	巴士 GACHA	2019	通过定位、导航和障碍物认知等功能提供自动驾驶技术支持	芬兰埃斯波	在恶劣的天气环境下仍能正常行驶	无印良品
索尼	日本	AR公交车	2019	整车没有窗户，外部图像经过车身周围的传感器显示在车内屏幕中	未披露	为游客提供旅行指南	雅马哈
沃尔沃	瑞典	新能源公交车	2019	配备光探测和测距传感器、立体视觉相机、全球导航卫星系统	新加坡南洋理工大学校园	改变公共交通、提升安全和运营效率、创造新的机遇	新加坡南洋理工大学

（续）

企业名称	地区	产品	发布年份	产品特点	示范地点	解决痛点	合作伙伴
Oxbotica	英国	无人驾驶通勤舱	2018	研发了Selenium软件和控制系统，用于动作控制、制动、导航和障碍探测等控制功能	英国伦敦盖特威克机场	减少车队数量、运营成本和碳排放	自主研发/未披露
韩国电信	韩国	巴士	2018	以5G作为车辆平台技术	韩国仁川国际机场	实现"智能"机场	自主研发/未披露
Local Motors	美国	3D打印公交车Olli	2019	采用3D打印材料	美国、德国	提升乘客体验	IBM
Ohmio Automotion	新西兰	接驳车（Ohmio Lift）	2019	采用5G技术，可在既定路线上行驶	新西兰基督城机场	实现无人化接驳运输	Spark New Zealand、HMI Technologies
奔驰	德国	公交Future Bus	2016	搭载自研City Pilot半自动驾驶系统	荷兰	制定最佳路线，并保持最适当速度，有效节约行驶时间	自主研发/未披露

（二）重点国家管理模式

新加坡、芬兰、美国等均为自动驾驶公交推广创造了制度条件，促进自动驾驶公交车在开放道路进行测试与示范运营。

新加坡：陆路交通管理局与南洋理工大学联合开展自动驾驶公共汽车测

试。芬兰：交通安全局批准自动驾驶公交车上路，芬兰法律并没有特别要求机动车必须有驾驶员，为自动驾驶车合法上路扫除了障碍。美国：通过向州政府申请获得公共道路行驶资格，在开放道路进行测试。

三、国内产业发展

（一）国内产业基础

1. 一些初级的自动驾驶技术在公交场景应用

北京公交集团在部分公交线路上部署了主动安全预警系统来减少事故率。2019年1月，北京公交引入Mobileye的主动安全预警系统（Mobileye Shield+），具备行人防撞预警、高速车辆防撞预警、低速车辆防撞预警等辅助驾驶功能，已在部分线路上试用了一年，有效降低了事故发生率，未来将逐步向普通线路推广。预计2022年，将引进L4级别的自动驾驶技术，并率先在高新产业园区、旅游观光线上试点运营。

深圳巴士集团与安凯客车和深圳海梁科技等共同研发的自动驾驶巴士"阿尔法巴"（Alphabus）于2017年12月在深圳福田保税区1.2千米的简单环线上运行。自动驾驶状态下可实现行人、车辆检测，减速避让，紧急停车，障碍物绕行，变道，自动按站停靠等功能，具备人工和智能驾驶两种模式。

2. 部分企业开始有技术验证型L4级别小型巴士的示范应用

百度在2018年7月量产下线了4.3米L4级自动驾驶巴士阿波龙，价格为100万元左右。该车由金龙客车提供整车，百度研发L4级自动驾驶解决方案。决策响应速度为100毫秒，仅为人类职业驾驶员的1/3，多传感器融合定位确保平均定位精度在5厘米以内。目前，已在雄安、厦门等多地开展实地运营，运营里程超过10000千米，接待人次超过1万人（图5-2）。

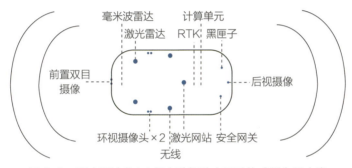

图 5-2　百度阿波龙 L4 级自动驾驶小巴及传感器布置方案

宇通客车等企业已经开始研发具有自动驾驶技术的公交车。2015 年 8 月，宇通第一代自动驾驶系统在郑开大道开放道路进行了全球首例自动驾驶客车（10 米）公开路试。2019 年 5 月，宇通客车打造的"智慧岛 5G 智能公交"项目正式落地，L4 级自动驾驶公交车（5 米）开始试运行（表 5-2）。

表 5-2　宇通客车在自动驾驶公交领域的产品

时间	测试车辆及尺寸	车辆配置
2015 年 8 月	宇通客车 10 米	2 个摄像头、4 部激光雷达、1 部毫米波雷达及组合导航系统
2019 年 5 月	宇通自动驾驶巴士"小宇"，5 米	2 个 16 线激光雷达、1 个 8 线激光雷达、77 吉赫兹的毫米波雷达及单目、环视摄像头等多个传感器

人工智能企业深兰科技在自动驾驶公交领域也有布局。深兰科技与上海申龙客车合作，采用整车的正向设计以及高度集成的自动驾驶方案，打造了熊猫智能公交车。该车总长约 12 米，人工智能机器视觉比例达到 70% 以上，并加入了特征地图系统，提前对城市的地理信息进行采集，确保行车安全性。2019 年 6 月，深兰科技获得唯一一张广州发放的自动驾驶公交车路测牌照（表 5-3）。

表 5-3 国内自动驾驶公交车代表企业及产品

企业名称	地区	产品	发布年份	产品特点	示范地点	解决痛点	合作伙伴
宇通客车	河南	巴士	2019	内部未布置驾驶舱，也无方向盘，除了座椅外四壁空空	郑州"智慧岛"开放道路	实现顺畅进站和准确停靠、提升公交运营效率	河南移动
安凯客车	安徽	巴士	2017	搭载了激光雷达、毫米波雷达、摄像头、GPS 天线等众多高科技设备，道路全程不进行任何基础设施改良	深圳福田保税区、日本中部国际机场	化解机场工作人员人手不足问题、提升旅客体验、降低机场的运营成本	海梁科技、深圳巴士、东风襄旅、速腾聚创、中兴、南方科技大学、北京理工大学、北京联合大学等
中车株洲	湖南	客车	2017	国内智能驾驶技术首次应用在 12 米纯电动客车上	湖南株洲	实现智能驾驶	贵阳公交公司
比亚迪	广东	电动巴士	2020	车队车距可以达到超短间距；在电波信号很差的地方也能实现高精度车线距离控制	日本东京羽田国际机场	为机场降低人力成本、提高运营效率	全日空航空公司、软银 SB Drive、先进智行

（续）

企业名称	地区	产品	发布年份	产品特点	示范地点	解决痛点	合作伙伴
上海申龙	上海	巴士	2019	基于5G框架，搭载具有自主知识产权的自动驾驶系统，纯电驱动	广州市国际生物岛	实现平安绿色出行	深兰科技
厦门金龙	福建	巴士	2018	未设驾驶座，依托传感器等感知四周环境，并通过车载计算中心做出决策	武汉某景区	实现自动驾驶，且快速决策	百度

尽管这些企业都提出本公司产品达到L4级，但由于企业对于L4级的理解定义不同，多数企业的产品仍处于技术验证阶段，离市场化还有很长距离。

（二）国内商业化进程

自动驾驶公交产品较少、产业链长、售价较高、商业回报低（图5-3）。

图5-3 自动驾驶公交产业链

阿波龙造价约100万元，而传统公交车售价在40万元左右，每台公交车一般配备2名驾驶员，工资水平目前约在8000元/月，平均人力成本约15万元/年。每台公交车通过线控化技术、加装传感器等方式改造为自动驾驶公交车，总投入约为60万元。相较于有人驾驶公交车，自动驾驶公交车4~5年才能体现经济效益（表5-4）。

表5-4 自动驾驶公交车购置和人力成本比较

项　　目	传统公交车	自动驾驶公交车	自动驾驶公交车模式成本比较
传统公交车售价	40万元	40万元	—
线控化改造成本	0	20万元	—
加装各类传感器	0	40万元	—
购置成本	40万元	100万元	—
人力成本	15万元	0万元/年	—
使用1年后购置和人力成本	55万元	100万元	-45万元
使用2年后购置和人力成本	70万元	100万元	-30万元
使用3年后购置和人力成本	85万元	120万元	-35万元
使用4年后购置和人力成本	100万元	120万元	-20万元
使用5年后购置和人力成本	115万元	120万元	-5万元
使用6年后购置和人力成本	130万元	140万元	-10万元
使用7年后购置和人力成本	145万元	140万元	+5万元
使用8年后购置和人力成本	160万元	140万元	+20万元
使用9年后购置和人力成本	175万元	160万元	+15万元

但激光雷达等设备寿命偏短，只有1~2年。考虑传感器寿命较短所产生的替换成本，投资回收期预计要7~8年。典型的公交车使用年限在8~12年。以目前的技术来看，自动驾驶公交在整个生命周期内刚刚能收回替代的人力成本。

(三）国内商业化趋势

传统公交车的模式，一般是政府通过向属地国企、非属地国企或民企购买公交服务，并由政府财政或国有资产承担运营风险的方式实现政府对公交发展的统筹。此外，政府往往对公交运营产生的成本、收益、亏损等情况给予一定的补贴，保障公交服务和企业的可持续运营（图5-4）。

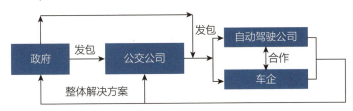

图5-4　自动驾驶公交场景可能的商业模式

从商业模式的角度看，目前自动驾驶技术在公交场景的成熟商业模式还未显现。未来可能出现自动驾驶公司和公交车生产企业合作，通过在传统公交车上加载传感器等改装，或者直接设计专门的自动驾驶公交车，来为公交公司提供自动驾驶公交服务。

四　挑战及建议

（一）挑战

1）技术及产业链成熟度远未满足商业化的需求。公交属于城市道路载人场景，公交安全属于公共安全，对技术可靠性要求较高。以线控底盘为例，相比小型汽车在线控底盘上起步更晚，具备成熟线控底盘的公交车目前仍存在欠缺，其中尤以线控转向的短板最为明显。目前，国内厂家还不能为6米以上公交车提供成熟量产化的线控转向部件，大多只能提供试制件或样件以支持进行少量试用。

2）自动驾驶公交使用成本较高。现有方案的技术及产业链的不成熟使得自动驾驶公交成本尚未降低到商用水平。以激光雷达为例，目前市面上典型的激光雷达平均售价约为 5 万元/个，使用寿命只有 2 年左右，核心零部件的高成本使得目前自动驾驶公交车的造价不菲，这也限制了自动驾驶公交的技术及应用发展。

3）仍存在一定的安全隐患。由于产业技术的不成熟，在考虑安全的情况下，目前仅在封闭园区进行示范运行，同时配有安全员，还未真正在开放道路上实现商业化应用。此外，车辆行驶过程中有可能因决策控制延迟或是感知错误造成事故，同时车辆在完全联网状态下的网络安全问题也值得商榷。

4）相关法规尚未完善。国内示范线路还有驾驶员在驾驶位上监控车辆的运行，有系统和驾驶员的双重保障，安全保证是足够的。但不管是完全的自动驾驶还是有人监控驾驶，现有的法规还不允许自动驾驶公交商业化运营。

5）智能网联等基础设施远未完善。智能网联的支撑可以大大提高车辆安全的冗余，降低车辆系统硬件的成本。目前，国内具备智能网联功能的道路还仅限在零星的一些示范路段，覆盖面非常窄，无法支撑自动驾驶公交常态化运营。

（二）建议

1）建议完善无人驾驶公交法律法规与标准体系。鼓励政府部门、科研机构、相关企业联合制定无人驾驶公交领域的法规与标准，为无人驾驶公交车的示范运营提供保障。

2）建议先开辟自动驾驶公交专线，开展先期示范运营。后期进一步扩大至城市道路有公交专用车道的普通公交专线、快速公交系统（BRT）专线，推动自动驾驶公交示范应用与普及。

3）建议加快产业链上下游技术研发攻关，提升技术和产业链配套成熟度。建议相关政府部门设立无人驾驶公交科技攻关专项，鼓励科研机构、产业链企业开展科技合作，促进相关科技成果转化与产业化应用。

4）建议加大政策扶持力度，部分环节给予相应补助。建议对开展自动驾驶公交示范运营的公交公司、车企给予一定的资金补贴，对参与 V2X 设备、5G 通信、云计算、大数据等智能网联基础设施投资建设的企业给予一定补助。

自动驾驶应用场景与商业化路径

第六章
封闭园区物流

一、封闭园区物流场景

（一）园区物流场景特点

封闭园区物流场景指速度较低的封闭园区物流，速度一般在 30 千米/时以下，典型场景包括矿区、港口和机场等（图 6-1）。

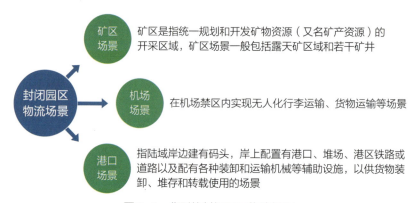

图 6-1 典型的封闭园区物流场景

矿区物流行业市场空间广阔，人力成本不断上升为主要问题。2018 年底，我国安全生产许可证等证照齐全的生产煤矿 3373 处，产能 35.3 亿吨/年[一]；

[一] 数据来自国家能源局。

砂石年产量约200亿吨,占世界总量的50%。根据踏歌智行、拓疆者等公开信息整理,我国露天矿土石方运输市场规模约2400亿元,砂石骨料市场规模约3000亿元,加上其他种类矿场,矿区物流市场规模超过6000亿元。矿区作业主要面临招工难、用工成本高、作业环境极端、安全事故频发等问题。一方面,巨型矿山机械每天24小时不间断工作,高温、高湿、噪声、振动的工作环境对矿山设备操作人员的健康造成极大危害。另一方面,传统作业模式智能化程度低,缺乏大数据分析的智能管理手段,无法对实时生产信息进行优化调度。

机场物流业务量持续增长,成本高、风险高、效率低等问题亟待解决。我国民用机场数量、机场运输业务量近年来持续增加,2019年境内运输机场(不含香港、澳门和台湾)共有238个,完成货邮吞吐量1710.0万吨,比2018年增长2.1%。其中,年货邮吞吐量10000吨以上的机场有59个,较上年净增6个[一]。传统机场目前的主要问题是"两高一低",即成本高、风险高、效率低(图6-2)。

图6-2 传统机场物流场景面临的"两高一低"问题

港口物流市场持续增长,安全性、作业效率和人力成本高的问题不断凸

[一] 数据来自国家民航局。

显。2019 年，我国港口货物吞吐量达到 1395083 万吨，同比增长 8.8%，集装箱吞吐量达到 26107 万 TEU，同比增长 4.4%㊀。港口的天气环境恶劣叠加劳动强度高，长时间、高强度工作给作业人员带来安全隐患；港口理货人工记录集装箱号的准确率低、效率低，人力成本高；对于港口驾驶员，需要 24 小时倒班运输，沿海工作环境艰苦，对年轻人吸引力差。港口物流对驾驶员的驾驶经验和驾驶资格要求高，码头驾驶集装箱货车需要 A2 驾照，从 C1 增驾到 A2，至少需要五六年的时间，多方因素造成集装箱货车驾驶员短缺问题严重。

目前，封闭园区物流行业正面临降低运营成本、驾驶员招募困难等问题，并向自动化、智能化、无人化发展，通过高质量转型升级提升运营效率。

（二）自动驾驶带来价值

封闭园区内采用自动驾驶技术可行性更高。自动驾驶车辆在封闭园区的行驶速度最高不超过 30 千米/时，低于在道路上的 40~80 千米/时，降低了从信息采集到决策控制的整个处理流程的时间要求和算力要求，而且，封闭园区内部路况单纯，没有横穿道路的人和动物，作业车辆和机械都按道路指示方向行驶，整体上降低了自动驾驶系统的实现难度。

封闭园区物流通过采用自动驾驶技术，可以降低人员开支、油耗和部件损耗。一是通过自动驾驶系统替代驾驶员，可以节省驾驶员人工成本、后勤成本；二是在驾驶过程中通过精准操作，系统采用最优的驾驶策略，可有效提升驾驶效率，降低燃油消耗、节省燃油费用；三是采用最优的、高度一致的驾驶策略，自动驾驶可有效降低包括轮胎等易损、易耗部件的损耗。

㊀ 数据来自中国港口协会。

二、全球应用现状

（一）重点企业应用现状

1. 自动驾驶技术在矿区场景下的应用现状

自动驾驶矿用货车多通过后装改造实现自动驾驶模式。以易控智驾的自动驾驶矿用货车为例，改造后，内部安装速度、加速度、轮速、横摆角速度等传感器，外部安装包括2个摄像头、1个32线激光雷达、3个16线激光雷达、6个毫米波雷达以及定位系统等。

美国、日本、瑞典等国家相关企业率先开展应用示范，代表企业以传统工程设备制造商为主，如卡特彼勒、小松、沃尔沃等。卡特彼勒在1996年推出第一辆自动驾驶矿用货车，现已经超过150辆，帮助近十家矿业公司运输铁矿石、铜和油砂。小松制作所于2005年在智利铜矿区试运行矿用货车自动运输系统，目前有超过100台自动驾驶自卸货车在澳大利亚、北美洲和南美洲运行。此外，为实现矿区无人运行，小松、卡特彼勒等联合矿业公司为矿区构建了自动运输系统，实现了整个矿区的自动驾驶矿货车队的高度自动化调度与管理。国内外自动驾驶矿用货车领域代表企业及产品见表6-1。

表6-1 国内外自动驾驶矿用货车领域代表企业及产品

企业	地区	产品	年份	示范地点	解决痛点	合作伙伴
卡特彼勒	美国	矿用货车 CAT® 793F	1996	澳大利亚、北美、南美	提高工作效率30%、节省成本、降低安全隐患	力拓集团、FMG集团
小松制作所	日本	自动化货车与自动运输系统	2008	力拓集团的四个矿山	减少人力支出，深入更危险的地方载运矿石，延长轮胎寿命，节省燃油和减少排放	力拓集团

（续）

企业	地区	产品	年份	示范地点	解决痛点	合作伙伴
沃尔沃	瑞典	FMX 自动驾驶货车	2016	瑞典的 Boliden 地下矿井	连续操作，在矿井爆破之后，不需要通风货车即可作业	—
易控智驾	北京	自动驾驶矿车	2019	鄂尔多斯矿区	解决人员招聘困难、人力成本升高、智能化较低等问题	同力重工、露天矿企业及工程公司
北方股份	内蒙古	自动驾驶电动矿车	2019	包钢集团	安全生产，降低人工和整车使用成本，提升运行效率	踏歌智行
慧拓智能	山东	自动驾驶翻斗车、无人矿山系统	2019	内蒙古鄂尔多斯宝利煤炭	节省劳动成本、降低安全隐患、解决招工难问题	同力重工、潍柴、中国联通、华为
徐工集团	江苏	露天矿山无人运输系统	2019	内蒙古乌山铜钼矿采矿场南矿段795平台	实现无人化作业	中铁十九局、慧拓智能、中国黄金、中科院
踏歌智行	北京	矿区自动驾驶整体解决方案	2018	世界最大的稀土露天矿（白云鄂博矿）矿区	运输驾驶员零伤亡、油耗/电量下降5%、矿山智能化，综合效益提高10%以上	包钢、北方股份、北航、中国移动、华为、伊泰、同力重工、乌兰集团等
拓疆者	北京	智能挖掘机	2018	首云铁矿、海南乐东农场、天津石料厂	减少安全事故、24小时不间断作业、降低管理成本、提高生产效率	百度
希迪智驾	湖南	无人矿用货车解决方案	2019	内蒙古东部地区矿区	实现在恶劣环境下全天时全天候感知作业、节省人工成本、保证人员的安全	北奔重汽

2. 自动驾驶技术在机场场景下的应用现状

机场自动驾驶物流解决方案，能够实现行李货物无人化运输，更高效、更经济、更安全。以驭势科技为例（图6-3），已能够按照指定的区域和路线进行自动驾驶，覆盖地上、地下、室内、隧道等复杂环境，应对各种恶劣、复杂的气候环境，实现日夜全天候"无人"物流服务。根据驭势科技数据，在中国香港国际机场的无人物流车，每天处理数千件行李，优化了物流成本结构，可以真正去掉安全员，规模化部署后，可实现综合运营成本减少56%以上，其中减少人工成本最高可达95%。

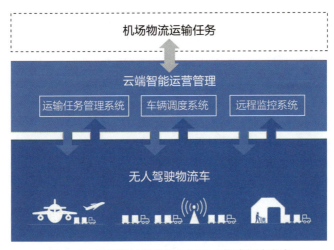

图6-3 驭势科技提供的机场无人物流解决方案

英国、德国、挪威等国家积极开展自动驾驶机场场景的示范运营。货运类自动驾驶代表产品有Aurrigo的自动驾驶行李搬运车等，非运输功能类自动驾驶代表产品有戴姆勒自动驾驶机场扫雪车等。Aurrigo的自动驾驶行李搬运车基于现有的手推车，加上激光雷达和GPS改装。戴姆勒自动驾驶机场扫雪车由奔驰Arocs牵引车改装，通过远程控制实现，同时最多控制14辆车。国内外自动驾驶机场物流领域代表企业及产品见表6-2。

表 6-2 国内外自动驾驶机场物流领域代表企业及产品

企业	地区	产品	年份	特点	示范地点	解决痛点	合作伙伴
Aurrigo	英国	自动驾驶行李搬运车	2019	借助激光雷达和 GPS 技术减少飞机停机坪装卸时间	英国伦敦希思罗机场	节省成本和存储空间	英国航空
戴姆勒	德国	自动驾驶机场扫雪车	2017	由梅赛德斯-奔驰 Arocs 牵引车改装而来	德国法兰克福机场	自动除雪作业、更精确地清理机场跑道积雪、降低成本	自主研发/未披露
Yeti Snow Technology	挪威	自动驾驶机场除雪车	2018	机器自动驱动，在可访问性、环境和安全性方面具有巨大潜力	挪威奥斯陆机场	降低机场运营商成本、减少乘客延误	Overaasen
驭势科技	北京	无人物流拖车	2018	配备 8 个高清摄像头、4 个激光雷达和 2 套差分全球定位系统，每天可处理约 2000 件行李	香港、广州、海口、北京大兴等机场	减少人力、高效运输、提升物流效率	自主研发/未披露
仓擎智能	上海	物流车	2019	提供整体自动驾驶解决方案	国内某机场、新加坡樟宜机场	解决廊桥等遮挡导致的定位不准和飘移问题	威海广泰、开沃、江淮等

3. 自动驾驶技术在港口场景下的应用现状

集装箱码头采用闸口—场桥—集装箱货车—岸桥的系统，配备适合码头作业的装卸船、堆场吊装和水平搬运设备。外集装箱货车通过闸口，到达场桥进行装卸作业；内集装箱货车在场桥跨下装卸集装箱，再转运至岸桥跨距内作业（图 6-4）。欧美码头的集装箱运输多采用跨运车，而我国码头则主要采用内集装箱货车水平运输的方式。

图 6-4 集装箱在港口的流转过程

自动驾驶车辆的使用可节约部分人工成本，但港口运输市场空间较小，发展天花板低。根据西井科技测算，场地内运输有人驾驶每小时每车的作业数为 3.7，采用自动驾驶可提高到 5.2。沃尔沃于 2018 年推出无人驾驶牵引车 Vera，用于港口、矿区运输。

（二）重点国家管理模式

1）自动驾驶矿用货车的管理模式。矿业公司向工程承包公司提出矿山生产运输用车队需求，工程承包公司向解决方案企业采购无人矿用货车和矿山自动运输平台，解决方案企业联合传统矿货车企开发无人矿用货车，最后由自动驾驶解决方案企业向工程公司及矿业公司交付包含矿用货车和自动运输平台的整体解决方案（图 6-5）。

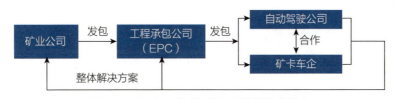

图 6-5 自动驾驶矿用货车场景的商业模式

2）自动驾驶机场物流的管理模式。当前，全球机场公司通常采用专营权、BOT 方式、出租和自营四种方式对机场物流业务进行运营和管理。从航空物流价值链角度来看，采用自营模式时，机场是作为经营者参与，而当机场采用BOT、专营和租赁模式时则是作为管理者参与，目前大部分机场是以管理者而非经营者的角色参与价值链（表6-3）。机场自动驾驶物流运输一般是由机场公司或机场物流承包商向自动驾驶企业或车企采购无人物流车、无人运输整体解决方案（图6-6）。

表6-3 机场物流附属区的四种运营管理模式

模式	释义
专营权	机场通过出租土地或设施给专营商而收取专营权费，而专营商在既定年限内在机场开展规定业务的一种物流运营模式
BOT	"修建-营运-移交"，承包商取得机场物流项目的建设权和一段时间的营运权，负责筹资，进行融资、设计、兴建及启用，在规定年限内营运，到期后将无偿移交给机场管理当局
出租	机场将土地或地上建筑物、设施等出租给运营商，运营商支付租金给机场
自营	机场当局按照机场的统一规划，建造航空物流相关设施并以营运商的身份对外营业

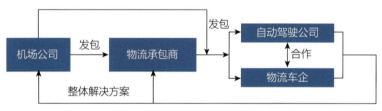

图6-6 自动驾驶机场物流场景的商业模式

3）自动驾驶港口场景的管理模式。主要是自动驾驶公司和整车企业合作生产出自动驾驶集装箱货车，服务于港口公司（图6-7）。

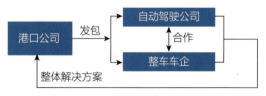

图6-7 自动驾驶港口物流场景的商业模式

三、国内产业发展

（一）国内产业基础

我国有 300 多个港口、2000 多座矿山、200 多个机场，无人运输车辆在园区可作为"工程设备"管理，不受道路交通法规管制，可能率先落地自动驾驶。

封闭园区物流无人化和智能化建设获得的政策支持如下所述。

1) 矿区场景。2020 年 3 月，国家发改委、能源局等联合发布《关于加快煤矿智能化发展的指导意见》，推动建设智能化煤矿；2019 年 11 月，工信部和国家发改委等 11 单位联合发布《关于推进机制砂石行业高质量发展的若干意见》，实施智能化改造砂石行业。

2) 港口物流情景。2019 年 11 月，交通运输部、国家发改委等 11 部委发布《关于建设世界一流港口的指导意见》，要求加快智慧港口建设，建设智能化港口系统等内容。

3) 机场物流场景。2019 年 9 月 25 日，习近平总书记在大兴国际机场投运仪式上做出重要指示，要求建设以"平安、绿色、智慧、人文"为核心的四型机场，为中国机场未来发展指明了方向。2020 年 1 月，民航局发布了《中国民航四型机场建设行动纲要（2020—2035 年）》，推动加速建设智慧机场等工作（表 6-4）。

表 6-4　封闭园区物流场景采用自动驾驶技术的支持政策

场　景	矿区情景	港口情景	机场情景
政策名称	《关于加快煤矿智能化发展的指导意见》	《关于建设世界一流港口的指导意见》	《中国民航四型机场建设行动纲要（2020—2035 年）》

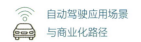

（续）

场　景	矿区情景	港口情景	机场情景
政策发布时间	2020年3月	2019年11月	2020年1月
政策发布单位	国家发改委、能源局、应急部、煤监局、工信部、财政部、科技部、教育部	交通运输部、国家发改委等11部委	中国民航局
政策主要内容	形成全面感知、实时互联、分析决策、自主学习、动态预测、协同控制的智能系统，实现煤矿开拓、采掘（剥）、运输、通风、洗选、安全保障、经营管理等过程的智能化运行	建设基于5G、北斗、物联网等技术的信息基础设施，推动港区内部集装箱货车和特殊场景集疏运通道集装箱货车自动驾驶示范，深化港区联动。到2025年，部分沿海集装箱枢纽港初步形成全面感知、泛在互联、港车协同的智能化系统	要建设智慧机场，推动转型升级，推进载运工具、设施设备智能化。在智能运行监控、少人机坪、机坪自主驾驶、自助智能服务设备、智能化行李系统、智能仓储等领域取得突破

（二）国内商业化进程

国内近年来也积极开展自动驾驶矿用货车应用示范。矿业公司与自动驾驶解决方案企业、科技巨头等多方联合，在露天矿山积极开展自动驾驶矿用货车的应用示范。代表企业有北方股份、徐工集团等传统工程设备制造商以及易控智驾、慧拓智能、拓疆者、踏歌智行、希迪智驾等初创公司。

我国自动驾驶技术在机场场景的应用步伐与国外同步，甚至特定场景商业应用更为超前。驭势科技已在香港国际机场实际操作环境下常态化运营无人物流车，为旅客提供行李运输服务，并与国内多家机场正展开合作，曾在广州白云机场、海口美兰机场、北京大兴机场等多个机场开展自动驾驶接驳试运营。仓擎智能等公司也在积极布局机场物流自动驾驶解决方案。

国内企业中，西井科技联合振华重工在深圳盐田、泰国、瑞典等提供无人运输，主线科技、图森未来、畅行智能、一汽解放等在天津港、上海洋山港、宁波港开展了无人运输服务（表6-5）。

表6-5 中国港口场景下自动驾驶技术的示范情况

港口名称	企业名称	示范应用情况
天津港	主线科技	2018年开始自动驾驶电动集装箱货车在天津港试运营 2020年1月，在天津港完成自动驾驶电动集装箱货车整船作业
珠海国际货运码头	西井科技	2019年8月，自动驾驶电动集装箱货车已实现小批量量产 2019年12月，无人跨运车完成多次实测，已发运瑞典码头
宁波港	畅行智能	2018年已在宁波港口试运行自动驾驶集装箱货车
洋山港	上汽	2018年1月，在广东珠海完成第一箱作业 2019年11月，独立完成从深水港物流园到洋山码头往返72千米的装卸作业
三一海工码头试验场	三一海工	2019年完成场内测试
—	图森未来	2019年4月，在临港、物流园区、东海大桥等地开展无人集装箱货车物流示范运营 2019年5月，与美国UPS合作，提供超过1600千米的运输服务

（三）国内商业化趋势

1）自动驾驶矿用货车成本测算。载重100吨级的传统有人驾驶矿用货车，售价在70万~90万元，配备两三名驾驶员，工资在1万元/月，每辆矿用货车平均人力成本约30万元/年。通过线控化技术、加装传感器等改造为自动驾驶矿用货车，总投入约为60万元。相较于有人矿用货车，自动驾驶矿用货车 2 年可收回人力成本，3 年可体现经济效益（表 6-6）。

表 6-6 自动驾驶矿用货车和传统矿用货车购置和人力成本比较[一]

项　目	传统自动档矿用货车	自动驾驶矿用货车	自动驾驶矿用货车模式成本比较
传统自动档矿用货车售价	80 万元	80 万元	
线控化改造成本	0	20 万元	
加装各类传感器	0	40 万元	
购置成本	80 万元	140 万元	
人力成本	30 万元/年	0 万元/年	
使用 1 年后购置和人力成本	110 万元	140 万元	-30 万元
使用 2 年后购置和人力成本	140 万元	140 万元	盈亏平衡
使用 3 年后购置和人力成本	170 万元	140 万元	30 万元

2）自动驾驶机场物流车成本测算。机场物流车售价在 10 万~20 万元，需两三名驾驶员轮班，驾驶员月薪 1 万元，每车驾驶员年工资开支在 30 万元上下。改造为自动驾驶车辆费用为 10 万~20 万元，使用第 1 年即可体现经济效益，总成本回收期不到 2 年。以香港国际机场为例，客运每天近 1200 架次，货运达上万吨。传统物流方案约需配备近千辆地面物流拖车，综合运营成本中绝大部分用于人工薪资的支出。采用无人物流车有效控制运营成本，1~3 年即可实现成本下降（表 6-7）。

表 6-7 自动驾驶机场物流车和传统机场物流车购置与人力成本比较

项　目	传统有人驾驶物流车	自动驾驶物流车	自动驾驶物流拖车模式成本比较
传统机场物流车售价	10 万~20 万元	10 万~20 万元	

[一] 假设除了购置成本和人力成本外，其余成本一致。

（续）

项目	传统有人驾驶物流车	自动驾驶物流车	自动驾驶物流拖车模式成本比较
线控化改造成本	0	5万~10万元	
加装各类传感器	0	5万~10万元	
购置成本	10万~20万元	20万~40万元	
人力成本	30万元/年	0万元/年	
使用1年后购置和人力成本	40万~50万	20万~40万	+0~30万元
使用2年后购置和人力成本	70万~80万	20万~40万	+30万~60万元
使用3年后购置和人力成本	100万~110万	20万~40万	+60万~90万元

3）港口情景成本测算。由于内集装箱货车对速度要求不高，普遍以16线激光雷达为主，辅以摄像头和毫米波雷达的感知系统。以国内某公司产品为例，其成本约120万元。典型内集装箱货车需配备4名驾驶员"三班倒"，驾驶员的年薪约10万元，每车总成本约40万元/年。吞吐量200万标准集装箱的中等码头，需要约200辆场内集装箱货车，按照75%的集装箱货车开工率测算，每年驾驶员成本约6000万元。采用自动驾驶技术后，2~3年就能够收回成本，同时消除部分有人驾驶的安全隐患（表6-8）。

表6-8 自动驾驶港口集装箱货车和传统港口集装箱货车购置与人力成本比较[一]

项目	传统港口集装箱货车	自动驾驶港口集装箱货车	自动驾驶港口集装箱货车成本比较
购置成本	50万元	120万元	
人力成本	40万元/年	0万元/年	
使用1年后购置和人力成本	90万元	120万元	-30万元

[一] 假设除了购置成本和人力成本外，其余成本一致。

（续）

项　目	传统港口集装箱货车	自动驾驶港口集装箱货车	自动驾驶港口集装箱货车成本比较
使用2年后购置和人力成本	130万元	120万元	+10万元
使用3年后购置和人力成本	170万元	120万元	+50万元

四 挑战及建议

（一）挑战

1. 自动驾驶技术在矿区场景面临的挑战

自动驾驶矿用货车在推广应用方面存在商业模式能否推广扩大的问题。矿区自动驾驶运输场景的实现，除了自动驾驶矿用货车能够在技术上满足需求外，还需要能够将商业模式复制和拓展，才能将规模做大，摊低成本。目前，国内矿业市场比较分散，在一个矿区打通商业模式后，能否进入另一个矿区的供应体系，可能会存在一定困难。

2. 自动驾驶技术在机场场景面临的挑战

机场物流场景需要推动制定行业标准及调整设备准入目录。国内机场的运营安全要求极为严苛，因此对于自动驾驶物流车辆除需要民航局审批进入机场设备准入目录外，还需要较长的验证测试周期，对于自动驾驶技术公司挑战极大。目前，海外机场政策监管相对容易突破，很多企业优先布局海外机场。

机场物流场景需要7×24小时风雨无阻、常态化无人化运营。应对室内外、隧道、人机混合等复杂场景及雨雾天、夜晚、台风暴雨等恶劣的气候环境，实现长距离、大范围运行作业，同时必须实现基层作业人员人机交互便捷且易维护，满足物流运营节奏和整车低成本的要求。

3. 自动驾驶技术在港口场景面临的挑战

1）作业精度要求厘米级。需要配合环境中大型机械交互作业，融入码头的生产业务流程，实现厘米级别的对位作业精度要求，吊具才能精确装卸集装箱。

2）环境高度变化。港区虽是半封闭的低速限制环境，但集装箱装卸灵活，也意味着道路轨迹可能面临经常性的变更，环境高度动态变化，与开放道路差距较大。

3）金属信号干扰定位。船舶靠岸以及岸桥、金属集装箱的信号干扰，卫星导航系统无法精确定位。

4）盐雾等天气影响。经常出现盐雾等特殊状况的码头，考验自动驾驶车辆的工况。

（二）建议

1. 自动驾驶技术在矿区场景落地的建议

建议相关政府部门出台补贴政策，鼓励自动驾驶矿用货车应用示范。鼓励自动驾驶公司不断探索新的商业模式，进一步优化提升技术成熟度，降低激光雷达、毫米波雷达、摄像头、线控改造等关键环节成本。

建议矿区单位加速开展矿用自动驾驶行业标准的制定，形成完善的技术评价标准体系，减少自动驾驶集装箱货车进入矿区的非技术壁垒。

2. 自动驾驶技术在机场场景落地的建议

自动驾驶技术在机场物流场景落地，需要自动驾驶公司、机场、政府监管部门共同推进。建议抓住我国机场燃油车换电动车的时机窗口，建设智慧机场以适应物流运输未来发展的少人化趋势，以及国家新基建部署融合基础

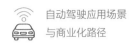

设施、补齐货运机场基础设施的短板,先选取典型机场试点应用,验证总结形成行业标准经民航局审批,向国内外其他机场开展推广应用。

3. 自动驾驶技术在港口场景落地的建议

建议针对港口场景下要求精度高、盐雾天气等情况,自动驾驶公司加快技术迭代,尽快在性能上完全胜任港口场景下的作业要求。

自动驾驶公司和港口运营等单位积极合作示范,打造生态伙伴圈,不断探索新的商业模式,尽快实现成熟可复制的商业模式。

第七章
无人环卫

一、无人环卫场景

（一）无人环卫场景特点

1. 城镇化率提升叠加市场化改革不断推进

市政环卫资金主要是财政专项经费，属于刚性支出，受宏观经济调控影响较小。市政环卫是指对市政道路、广场、水域、垃圾中转站等公共区域环境卫生进行综合管理。自动驾驶在市政环卫的应用主要是在道路、广场清扫等细分场景。

我国道路清扫保洁面积稳步增加，市容环卫专用车辆数量持续增长。一方面，城镇化不断推进叠加环卫市场化改革不断深入，我国环卫市场服务需求日益旺盛。2018年末，我国城市道路清扫保洁面积为86.93亿平方米，县城道路清扫保洁面积为27.82亿平方米，较2012年分别增长了51.58%和32.35%（图7-1）。另一方面，环卫专用车辆规模逐渐扩大。2018年，城市、县城市容环卫专用车辆分别为25.25万台、6.14万辆，较2012年增长125.04%和96.79%（图7-2）。

政府对环境卫生管理标准不断提高，建设投资额加大，对财政形成压力。我国市容环境卫生建设投资金额2018年为605亿元（图7-3），较2012年增长5.95%，远低于道路清扫面积和环卫车辆的增速，为政府带来较大的财政压力。

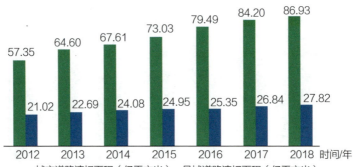

图 7-1　2012~2018 年我国道路清扫面积

注：数据来源于住建部《中国城乡建设统计年鉴》。

图 7-2　2012~2018 年我国城市市容环卫车辆数量

注：数据来源于住建部《中国城乡建设统计年鉴》。

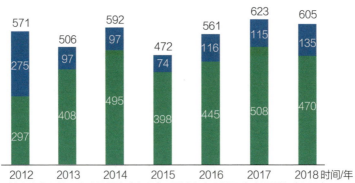

图 7-3　2012~2018 年城市市容环境卫生建设投资费用

注：数据来源于住建部《中国城乡建设统计年鉴》。

PPP等新兴模式带来环卫行业新机遇，加速推进行业市场化进程。为缓解政府财政压力，国务院于2015年印发《关于在公共服务领域推广政府和社会资本合作模式的指导意见》，明确提出在公共服务领域推广政府和社会资本合作（PPP模式）。政府引入社会资本，将道路清扫保洁、垃圾收集、运输、市政环卫工程等实行市场化运作。资本市场为优秀的环境卫生管理企业提供更广泛的资金，也促进企业提升服务规范水平和服务质量，优化行业资源配置。

2. 机械和智能化是未来发展趋势

人工成本上升降低了环卫行业盈利水平。环卫行业用人数量较多，人工成本高，环卫作业成本增长较快。近年来职工最低工资标准和社会保障福利的政策刚性调升，人工成本持续上涨，成为影响行业盈利水平的重要因素。

环卫队伍人员结构老龄化成为突出问题。2019年，我国65岁及以上的人口占比达到12.6%，老龄化将加大环卫服务领域的劳动力短缺压力。全国城市环卫清洁工人中老龄化尤为突出，50岁以下的环卫工人数量仅占35%（图7-4）。此外，随着人们对生活品质要求的提高以及就业选择的多样化，具备从事环卫工作意愿的中青年劳动力数量日趋减少。

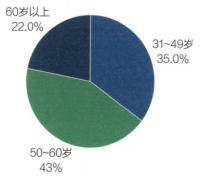

图7-4 现阶段我国环卫工人老龄化现象凸显

注：资料来源于盈峰环境2018年年度报告。

市政环卫正朝着机械化、信息化、智能化的方向发展，以促进企业精简运营管理，降低综合成本。以湖南省长沙市某项目为例，面向居民区，包含背街小巷、学校等多种作业场景，以往采用纯人力作业方案，需要 65 名工人，引入 8 辆智能小型环卫机器人装备后，仅需要 15 名环卫工人、8 名驾驶员，作业队伍人员缩减 64.6%，年度综合成本降低 38.8%（表 7-1）。

表 7-1　智能化环卫方案成本低于传统人力环卫方案

项　目	传统人力方案	智能化作业方案
环卫作业工人数	65 人	15 人
驾驶员人数	0 人	8 人
智能驾驶环卫作业车数	0 辆	8 辆
年人力成本	260 万元	108 万元
年能源消耗成本	0 万元	14.4 万元
人力作业工具维护成本	7.8 万元	1.8 万元
智能驾驶环卫作业车维护成本	0 万元	3.2 万元
年折旧费	0 万元	36.5 万元
年支出总成本	267.8 万元	163.9 万元
智能化作业方案总成本缩减		38.8%

注：资料来源于盈峰环境 2019 年产品发布会。

（二）自动驾驶带来价值

随着自动驾驶技术的不断进步，自动驾驶在市政环卫场景下的应用变得可行。环卫车行驶速度低，对舒适度无要求，行驶路线比较固定，人机交互较为简单，有利于自动驾驶率先落地（图 7-5）。

自动驾驶在不同环卫场景的落地方案具有不同的商业价值（图 7-6）。

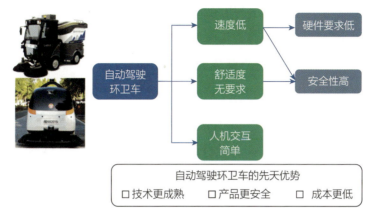

图 7-5 自动驾驶环卫车的先天优势

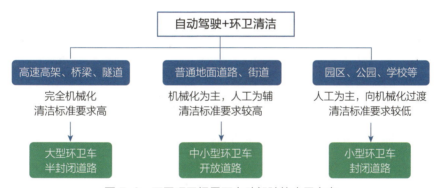

图 7-6 不同环卫场景下自动驾驶的应用方案

注：资料来源于 Autowise.ai。

1）高速高架、桥梁、隧道场景：清洁要求标准高，人工清扫模式安全性较难保障，目前基本实现完全机械化。采用大型自动驾驶环卫车，属于半封闭作业模式，商业价值大，且商业化前景较好。

2）普通地面道路、街道场景：相比高速高架路面垃圾清运量更大，以机械化为主，受高温、雾霾和严冬等环境因素的影响较大，同样存在安全性、劳动成本的问题。采用中小型自动驾驶环卫车，属开放道路作业，商业价值较高。受限于技术与政策，商业化发展预期较慢。

3）园区、公园、学校等场景：道路保洁要求相对较低，目前以人工作业为主，清扫费用相对较低。采用小型自动驾驶环卫车的方案，属于全封闭作业模式，商业价值相对较低，但较为容易实现商业化。

自动驾驶主要集中于室外开放道路运行的大型环卫车和固定场所运行的小型环卫车两种应用场景。自动驾驶环卫车基于激光雷达、超声波雷达等感知系统，具有自动遇障暂停、自动避障绕障、自动驾驶清扫、自动驾驶喷雾打药与防疫等功能，可自主在路面上完成清扫、洒水、垃圾收集等工作。

自动驾驶环卫车的改装路径主要有两种。一是传统环卫车与自动驾驶平台融合改装实现。如深兰科技与海德汽车联合研发的自动驾驶环卫车，在传统环卫车底层平台上运用深兰科技的人工智能机器视觉，实现L4级自动驾驶与智能清扫功能。二是对自动驾驶汽车增加环卫功能改装实现。如广东库尔兹库尔兹基于新石器自动驾驶车辆进行设计改装，对其增加消杀功能。

在功能实现方面，以智行者自动驾驶环卫车"蜗小白"为例，其具备自动避让行人、智能一键召回、自主泊车入位、OTA升级等功能，设有吸尘装置和垃圾桶，可实现不同角度的全方位清扫、洒水、垃圾收集等工作，且清扫范围可延伸至道路边缘的缝隙等死角，实现全覆盖（表7-2）。

表7-2 智行者"蜗小白"核心传感部件功能介绍

传感设备	功能实现
激光雷达	远距离探测，能实现环境建模、定位、路面检测、障碍物识别
超声波雷达	近距离探测，近距离障碍物检测、紧急避障
摄像头	障碍物识别、环境建模、增强定位、视频监控
惯性导航	高精度组合导航，精确感知车辆位置及姿态
RTK差分定位	厘米级高精度定位
轮速计	高精度组合导航，精准轮速测量

二 全球应用现状

（一）国外应用现状

瑞典、德国、加拿大、意大利等国家的相关企业近年来率先开展自动驾驶环卫车应用示范。车企、自动驾驶公司、环保公司等积极布局自动驾驶环卫车产品（表7-3），沃尔沃与瑞诺瓦（Renova）合作在英国、瑞典等地开展自动驾驶垃圾清运车示范，以优化环卫工人的工作环境。Enway与南洋理工大学、威立雅环境服务公司、黄芳工程公司合作在新加坡试点示范自动驾驶环卫清扫。

表7-3 国外自动驾驶环卫车领域代表企业及产品

企业名称	发布时间	地区	产品	产品特点
沃尔沃	2017年	瑞典	自动驾驶垃圾清运车	自动驾驶、安全作业
Enway	2018年	德国	自动清扫车	无人化、智能化
AI Incorporated	2018年	加拿大	自动驾驶垃圾箱	可在预设置的时间内自动到达路边并等待垃圾清运车
TSM公司	2018年	意大利	垃圾清洁吸尘车	内置自动驾驶及跟随技术，可自行跟随清洁工人

目前各国针对无人环卫运营的管理与测试整体处于试点起步阶段。在新加坡，国家环境局和交通部委托南洋理工大学进行自动驾驶环境服务车辆测试，之后才允许在开放道路作业。德国威廉港仙途智能项目与环卫公司ALBA合作执行测试，包括防撞、紧急制动等安全测试，并要求数据传输安全和隐私符合欧盟的GDPR（《通用数据保护条例》）。

（二）国内应用现状

在国内，自动驾驶在市政环卫领域的发展得到政策支持。2020 年 2 月，国家发改委、中央网信办等 11 个部门联合印发《智能汽车创新发展战略》，提出到 2025 年"实现高度自动驾驶的智能汽车在特定环境下市场化应用"的规划愿景。上海、湖南、北京、江苏、浙江、安徽、深圳等地均出台了推进自动驾驶车辆示范应用的政策，更加具体而细化地列出了多个落地场景，其中之一是环卫行业（表 7-4）。

表 7-4　自动驾驶在环卫领域落地相关的地方政策

政策名称	发布时间	相关内容
《深圳市关于推进智能网联汽车应用示范的指导意见（征求意见稿）》	2020 年 3 月	城市环卫作业应用示范：在指定的开放道路开展非营利性的城市道路无人清扫和无人洒水作业测试示范活动
《江苏省推进车联网（智能网联汽车）产业发展行动计划（2019—2021 年）》	2019 年 6 月	推动公交车、货车、医疗车、景区用车、环卫车等商用车、专用车安装驾驶辅助系统（L2、L3 级别），满足特殊场景应用需求 在物流园区、产业园区、机场、港口、旅游景区等限定场景，大力推动自动驾驶公交、共享出租车、景区游览车、环卫作业车、物流车、消防车、工程机械的"先行先试"
《北京市智能网联汽车创新发展行动方案（2019—2022 年）》	2018 年 12 月	支持在公交通勤、物流环卫、出租巡游、共享出行等领域以及园区、景区、机场等区域率先开展应用推广
《上海市智能网联汽车产业创新工程实施方案》	2017 年 1 月	推动城市共享用车、智能道路清扫、智能公交系统等领域的智能网联汽车示范应用

我国相关企业于 2018 年前后相继发布自动驾驶环卫车产品，并在北京、

上海、南京、长沙、天津等城市均已开展无人环卫示范。其中，北京环卫联合百度阿波罗于2018年发布多款自动驾驶环卫车，仙途智能于2018年3月推出全球首个自动驾驶清洁车队（表7-5）。自动驾驶环卫车拥有高效、环保、智能等优势，在城市道路、封闭园区、场馆设施等区域示范效果显著。

表7-5 国内自动驾驶环卫车领域代表企业及产品

企　业	地区	年份	示范地点	合作伙伴
北京环卫	北京	2018	北京的部分广场、高铁和机场、街区、展馆	百度阿波罗
北京智行者	北京	2018	北京首钢冬奥会服务区、鸟巢、河北雄安新区、天津南翠屏公园等	未披露/自主研发
中国移动	北京	2020	北京、嘉善、广东等	未披露/自主研发
宇通环卫	河南	2019	南京	未披露/自主研发
酷哇	安徽	2019	长沙橘子洲	中联环境、腾讯AI加速器
仙途智能	上海	2018	德国威廉港、北京朝阳公园、上海国际旅游度假区、雄安新区等	德国环卫公司ALBA
上海高仙	上海	2019	河南鹤壁、北京协和医院、支付宝上海总部、大兴机场	未披露/自主研发
		2014		
深兰科技	上海	2019	常州、成都、天津、郑州等	海德汽车
希迪智驾	湖南	2020	长沙梅溪湖	湖南纽恩驰、桑德湘江集团
福汽金龙	福建	2020	园区、景区、校园、机场等	未披露/自主研发
库尔兹库尔兹	广东	2020	佛山北滘镇设计城社区	新石器（慧通）

自动驾驶应用场景与商业化路径

三、国内产业发展

（一）国内产业基础

激光雷达的国产化产品技术不断进步，未来规模量产后的成本有望迅速下降。国外行业巨头 Velodyne 公司 128 线激光雷达售价高达 80000 美元，国产的禾赛、速腾、大疆等雷达价格降至其十分之一以下（表 7-6）。Velodyne 计划推出的小型 Velabit 激光雷达（主要用于 ADAS）的量产目标价格是 100 美元。

表 7-6 国内外激光雷达价格整理汇总

技术方案	厂商	型号	尺寸/毫米	最远视距/米	售价
CMOS 固态	Velodyne	VLS-128	未知	220	80000 美元
未知	Velodyne	Velabit	60.9×60.9×35	100	100 美元（量产目标价格）
非重复扫描	大疆 Livox	Horizion	77×115×67	260	800~999 美元
非重复扫描	大疆 Livox	Tele-15	112×105×85	500	1200～1499 美元
机械	禾赛科技	PandarQT	未知	30	4999 美元
MEMS 固态	速腾聚创	M1 Simple	10×50×120	150	1898 美元
MEMS 固态	博世	研发中	未知	—	将低于市场价格

（续）

技术方案	厂商	型号	尺寸/毫米	最远视距/米	售价
MEMS 固态	Pioneer	LMM-1860-S	未知	37	未知
MEMS 固态	Pioneer	LMM-1830-M	未知	73	未知
MEMS 固态	Pioneer	LMM-1815-T	未知	180	未知
MEMS 固态	一径科技	短距车规级	112×60×104	20~55	未知
MEMS 固态	一径科技	长距车规级	未知	200~400	未知
Flash 固态	LeddarTech	Leddar Pixell	未知	41	未知
FMCW 4D 芯片	Aeva	LiDAR on chip	相当于25美分硬币	300	500美元（量产后）

目前，自动驾驶环卫车普遍采用16线的激光雷达，且逐渐国产化。一方面，由于自动驾驶环卫车速度低等原因，自动驾驶环卫车的激光雷达要求相比于乘用车要低，其采用的低线束雷达具有制造工艺要求低、价格低的优势，更易量产。另一方面，国内激光雷达技术已逐渐成熟，国产品牌逐步增多，具有价格优势。

自动驾驶环卫车上的毫米波雷达成本不足千元。国内高端汽车装配的毫米波雷达被美、日、德企业垄断，价格昂贵，自主可控迫在眉睫。国内自主车载毫米波雷达产品总体仍处于研制阶段，集中于24吉赫兹。国内市场上，24吉赫兹毫米波雷达单价大约为500元，77吉赫兹毫米波雷达单价约为1000元。

国内自动驾驶环卫车线控底盘已出现成熟供应商。自动驾驶环卫车底盘采用整车电子电气架构、线控制动、车规级 ECU 等机动车底盘架构，许多传统汽车上的零部件无法直接使用，需要开发专用底盘。国内已出现成熟环卫车底盘供应商（表 7-7），有利于降低量产成本。

表 7-7 国内自动驾驶环卫车线控底盘主要制造商

企业	成立时间	产品	背景
新石器	2018 年	L6e 轻量级底盘	新能源汽车相关、车和家投资
智行者	2015 年	整车	自动驾驶解决方案提供商，自建工厂
易咖智车	2017 年	X-80 通用线控底盘	新能源汽车相关、车易咖孵化
煜禾森	2013 年	前转后驱底盘 FR-05	机器人移动平台转型
中云智车	2018 年	中云 2.0（中型无人车底盘）	北理工孵化
酷黑	2016 年	KuGaea·坤（底盘+整车）	北理工孵化

以国内自动驾驶环卫场景的企业酷哇机器人公司为例，公司的智能扫地环卫车配备 2 个 32 线激光雷达、4 个毫米波雷达、3 个摄像头和 12 个超声波雷达，目前已经在上海、成都、长沙、湖州、珠海等地区有超过 100 辆的车辆在测试。智行者、深兰科技和仙途智能等企业的相关清扫车配置（表 7-8）。

表 7-8 国内自动驾驶环卫车配置与售价情况

企业	智行者	深兰科技	仙途智能
产品	蜗小白	AI 智能扫路机	自动驾驶清洁车
激光雷达	2 个（16 线）	有	多个（低线束）
摄像头	6 个	有	有
毫米波雷达	无	4 个	有

（续）

企　业	智行者	深兰科技	仙途智能
超声波雷达	8个	8个	有
产品/系统价格	36.8万元	38.8万元	30万元
等效环卫工人数	6名	10名	10名
成本回收期	1年	1年	1年

（二）国内量产的规模效益

自动驾驶环卫车产量超过一万台后，单车购置成本可到20万元左右，能够大规模落地。普通市政环卫车在10万~20万元/辆，自动驾驶环卫车在40万元/辆以上，价格相差2~4倍。随着自动驾驶环卫车产量增加，单车成本预计会有较大幅度的下降。以某款自动驾驶环卫车为例，在产量达到1000台后，每台车成本大约30万元，产量达到10万台后，成本可以降至10万元（图7-7）。

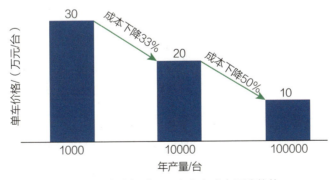

图7-7　自动驾驶环卫车未来成本下降趋势

从使用成本来看，自动驾驶环卫车在清扫能力方面相比环卫工人有一定优势。以仙途智能为例，相较传统清扫模式，自动驾驶环卫车的利用率较原先提升2~3倍，能实现5厘米内的精准贴边清扫。在保证相同作业时间的情况下，2 年内就可收回车辆成本，而自动驾驶环卫车的生命周期是 5~7 年，具有市场发展空间。

（三）国内商业模式化趋势

目前，自动驾驶环卫车的购置成本较高，对于环卫企业而言，一次性支出较大。无人环卫仍处于示范阶段，主要有以下三种商业模式（图 7-8）。

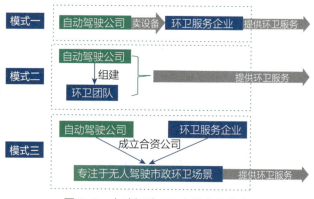

图 7-8　自动驾驶环卫车的商业模式

模式一，卖设备。自动驾驶公司通过和车企合作的方式生产自动驾驶环卫车，并销售给下游的环卫服务企业。

模式二，卖服务。自动驾驶公司生产自动驾驶环卫车并组建车队，提供服务，后期会提供车辆售卖或者系统售卖等方式。代表企业为仙途智能，通过提供环卫服务收取费用，并可以通过硬件出售、软件授权（按清洁面积定价）和广告（车身平面广告和语音广告）等模式增加收入。

模式三，成立合资公司。自动驾驶公司和环卫公司成立合资公司，专注于自动驾驶环卫车的推广。代表案例为酷哇机器人和中联环境成立合资公司，中联科技未来两年内投资 20 亿元，其中，10 亿元用于量产线建设、环卫产品研发及迭代，10 亿元用于车队投放及市场开拓。

未来可能出现环卫企业收购自动驾驶公司的新模式,推动无人环卫的商业化。传统市政环卫产业比较成熟,企业资金实力雄厚。从事自动驾驶的机器人公司,很多为初创企业,需要不断通过融资来成长。未来下游环卫企业基于自身需求,收购技术领先的自动驾驶公司,实现产业升级(图7-9)。

图7-9 自动驾驶市政环卫场景可能出现的新的商业模式

四 挑战及建议

(一)挑战

1. 半封闭道路+大型自动驾驶环卫车,法律法规与标准体系尚未完善

1)自动驾驶环卫车的交通事故责任划分与道路交通行驶规范尚未明确。目前,我国已上市的自动驾驶环卫车大部分达到L4级,驾驶责任在自动驾驶系统。国内现行的《中华人民共和国道路交通安全法》《中华人民共和国侵权责任法》关于交通事故责任的判定,仅适用于人类驾驶员。由于作为自动驾驶汽车决策核心的算法是不可完全预测和解释的,如何证明算法和损害的因果关系,如何科学合理解释免责事由,如何处理交通肇事的刑责案件还有待探讨。

2)高速公路配套的充电基础设施尚未完全覆盖。大型自动驾驶环卫车通常基于新能源汽车的载体,根据QC/T 1087—2017《纯电动城市环卫车技术条件》,电动城市环卫车续驶里程要求不低于120千米。目前,高速公路充电基础设施建设滞后,覆盖水平低,设施空间分布不均,对大型自动驾驶环卫车等耗电水平较高的特殊车辆的能源补给不利。

3）自动驾驶环卫车处于冷门应用领域，缺乏相关标准。目前尚未形成专门的针对自动驾驶环卫车的产品生产、管理、安全与道路测试标准，其真正上路的安全性、可靠性验证依然处于空白。

2. 开放道路+中小型自动驾驶环卫车，技术成熟度有待验证

低速自动驾驶环卫车在城市道路、街道等开放道路上行驶，遇到的道路复杂性与中高速车辆属于同等程度。道路复杂性包括但不限于"突发别车"、路边行人轨迹多变、加塞等问题。自动驾驶环卫车与在公共道路行驶车辆的控制模型与算法不同，如非结构化道路路面的检测、智能调度技术、清扫作业能效等。需要针对性地设计感知系统，实现近距物体识别和轨迹预测等。

开放道路的清扫作业存在一定技术难点。一是沿边清扫，需要自动驾驶环卫车实现精准沿边，对车辆定位的精准度、系统的智能性和鲁棒性要求都较高；二是车辆整体调度，对区域内的整体调度提出较高的要求，需要设备实现位置信息、作业状态、作业进度、作业路线等智能化管理；三是特殊用途领域的多方面要求，如仅垃圾识别一项功能的完成就需要大量的数据迭代。

3. 封闭道路+小型自动驾驶环卫车，制造成本与系统冗余有待平衡

园区、公园、学校等封闭环境的人工清扫费用一般较低，如何降低小型自动驾驶环卫车的制造成本，发挥其运营经济性，是当前的重要挑战。自动驾驶环卫车可节省50%以上的人力成本并延长作业时间，但园区环境具有行人混行、路障多、可变因素多的特点，导致自动驾驶环卫车需要的冗余较高。

目前的技术水平还无法确保小型自动驾驶环卫车在任意园区场景下的经济性优势，传感器方案、电子架构防振处理、算法逻辑冗余等软硬件配置的成本依然较高。

（二）建议

1. 开展特定用途自动驾驶车辆上路的管理体系研究，尽早完善法律法规

尽早出台自动驾驶环卫车在高速公路、城市主干线路、一般道路行驶的法律法规。与相关各方合作推进相关法规政策的建立与完善，厘清各类交通事故的责任主体，保证高级别自动驾驶大规模的民用推广有法可依。

构建自动驾驶环卫车科学有效的管理体系。自动驾驶环卫车在不同清洁用途、不同区域的应用要实施分类管理，明确专用车辆的定义、技术标准、生产许可、产品认证的管理要求，明晰车辆注册、牌照、路权、保险等交通管理条例。

2. 考虑自动驾驶环卫车在不同应用场景下作业模式与特点，分时段分区域推进示范，积累运营数据完成技术迭代

对于高速高架、桥梁隧道、城市道路、街道等半封闭/开放道路，采取在凌晨0~6点时段作业的方案。深夜时段道路车流、人流较少，可有效减少对现有城市交通的影响，降低人车、车车冲突的风险。此外，夜间作业可减少环卫车在清扫保洁过程中的路障，提高作业效率，有助于发挥无人环卫的经济性优势。

对于园区、公园、学校等封闭道路，采取全天24小时的作业方案。一方面，园区的路面垃圾量通常较多，无人环卫全天候作业可充分体现工作时间持久的优势。另一方面，日间行人较多，环卫车完成基本清扫工作，夜间人流车流基本为零，可全面清洁与消毒。尤其在疫情期间，突破了人力清洁作业效能低、安全隐患高的困局。

积极开展示范运营，积累一线数据，完成关键技术的迭代升级。建议先对已有自动驾驶应用基础、发展积极性高的地区导入示范，选取高校、新建产业园区进行封闭道路无人环卫全天候工作示范,选取合适的高速、干线、城市道路路段开展无人环卫夜间示范。收集大量数据,加快机器学习迭代速度,提高自动驾驶环卫车的智能化水平。

3. 形成跨行业跨部门协调机制,打通产业链上下游

顺应环卫产业的转型趋势,建立无人环卫的生态圈。环卫产业正在向市场化、智能化转型,参与主体包括政府部门、上下游企业、投资机构等。建立良好的沟通机制,就无人环卫的多场景落地时间与节奏达成共识,并就无人环卫行业管理的具体问题及时与工信、交通、环保、住建等主管部门对接。

自动驾驶应用场景与商业化路径

第八章 无人农机

一、无人农机场景

（一）农用机械场景特点

1）农业机械化水平低使得我国土地利用效率也较低。全国耕地面积逐年减少约百万亩，人均耕地面积远小于世界平均水平（图8-1）。另一方面，

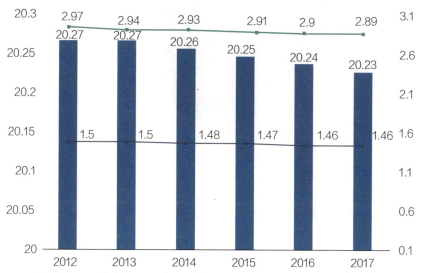

图8-1 中国耕地面积及人均耕地面和世界平均水平对比

注：数据来源于自然资源部，中商产业研究院。

2016年中国粮食单位面积产量为5539.17千克/公顷，人均粮食产量479.04千克，而美国粮食单位面积产量约7000千克/公顷，人均产量约1300千克。中国粮食单位面积产量远低于美国，农业机械化水平低是土地利用效率低的关键。

2）农业生产经营人员老龄化及人口外流严重。根据第三次全国农业普查数据显示，2016年全国农业生产经营人员31422万人，其中年龄35岁及以下为6023万人，占比19.2%；年龄在36~54岁之间为14848万人，占比47.3%；年龄55岁及以上为10551万人，占比33.6%（图8-2），农业生产人员老龄化问题严重。随着城市化进程的推进，农村人口大量外流，2013~2017年，全国农村人口减少6853万人，每年减少1371万人，由此带来的农村劳动力短缺将愈加严重。

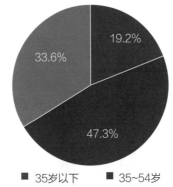

图8-2 农业生产经营人员不同年龄段占比

注：数据来源于《第三次全国农业普查主要数据公报》。

3）人工喷洒农药中毒事件频发，且利用率低。我国每年农药中毒人数至少有10万人，致死率高达20%，人工喷洒农药存在很大的中毒风险。2015年以来，农业部开展了农药使用量零增长行动，使得农药使用量逐年下降（图8-3），但我国农药使用量依然是世界平均水平的2.5倍。2019年水稻、玉米、小麦三大粮食作物农药利用率为39.8%，欧美发达国家小麦、玉米等粮食作物的农药利用率在 50%~60%，农药利用率依然有很大的差距。

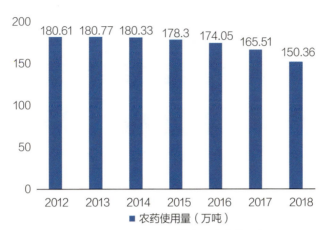

图 8-3　2012~2018 年中国农药使用量

注：数据来源于国家统计局。

（二）自动驾驶带来价值

1) 自动驾驶农机可精准作业，实现作业标准化，提高土地利用效率。农机自动驾驶可提升作业标准，实现精准的直线度和行间距，使作物通风、受肥更为均匀，作业精度能达到±2.5 厘米左右，同时也可有效避免植保环节中农机压苗等。自动驾驶农机作业时交接行准确，土地利用率可提高 5%~10%。

2) 自动驾驶农机可减少农业生产经营人员使用，提升作业质量和效率。自动驾驶农机无需操作人员，可减少农业人员的使用，而且可 24 小时全天候作业，夜间作业不受影响，在降低人工及技术需求的同时大大提高了作业质量和效率。

3) 自动驾驶农机可提高农药利用率，降低作业人员中毒风险。自动驾驶农机可以使农药喷洒更均匀，提高农药利用率，在有效杀灭害虫的同时，还可以减少农药的使用。自动驾驶农机喷洒农药无需人员作业，避免喷洒人员暴露于农药之下，降低人员中毒风险，提升作业安全性（图 8-4）。

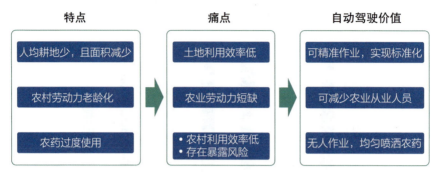

图 8-4　传统农业痛点及自动驾驶的价值

二、全球应用现状

（一）国外应用现状

国外自动驾驶农机应用较早且种类齐全，产品包括自动驾驶拖拉机、农机载具、群机器人及植保机器人。早在 1999 年，农机巨头约翰迪尔就开发了 5310 型拖拉机的自动驾驶版，用于果园的多排果树农药喷洒。约翰迪尔研发的世界首款纯电动拖拉机 SESAM，配备两块功率为 130 千瓦的锂离子蓄电池，提供 279.3 千瓦的标准动力，充电 3 小时可持续作业 4 小时或 55 千米。

自动驾驶农机在北美、欧洲、日本等国家和地区得到应用。产品多集中于中小型的自动驾驶拖拉机、自动驾驶农机载具、群机器人和植保机器人（表 8-1）。

表 8-1　国外自动驾驶农机产品

企业名称	所在国家	产品类别	型号	备　注
约翰迪尔	美国	拖拉机	GridCON	可通过遥控器或在先前编程的路径上自主行驶，通过电缆供电，而非电池，现处于试验阶段

（续）

企业名称	所在国家	产品类别	型号	备注
约翰迪尔	美国	拖拉机	SESAM	世界首款纯电动拖拉机，配备两块功率为130千瓦的锂离子蓄电池，提供279.3千瓦标准动力，可持续作业4小时或55千米，充电时间3小时
凯斯	美国	拖拉机	Magnum	由凯斯农机与自动驾驶技术企业ASI合作完成
纽荷兰	美国	拖拉机	IH	具备远程控制以及编程功能，应用了障碍物检测传感器，能及时通知农民并及时做出调整
Guss Automation	美国	喷洒车	Guss	专为葡萄园设计的喷洒车
爱科	美国	群机器人	Xaver	由一辆拖挂车搭载6~12台Xaver群机器人到达农田，并可以形成自动驾驶、自动工作的机器人群
洋马	日本	植保机	YR8D.A	水稻插秧车，有线性和自动两种工作模式，线性模式下在稻田中以直线的方式自动移动，自动模式下能保持完全的自动驾驶
久保田	日本	拖拉机	X tractor	可完成播种、种植、收割等操作，还可以监控天气和农作物生长率等因素，决定何时执行播种、耕作和收割等任务。在运行中获得的环境数据可以与现场的其他机器自动共享，现处于概念阶段

（续）

企业名称	所在国家	产品类别	型号	备注
博世	德国	群机器人	BoniRob	集成了多种农机的功能，可以监控田间作物、检查土壤湿度、肥料水平并扫描杂草和害虫侵扰。可通过联合多个机器人协同工作，形成机器人群
Carré	法国	植保机器人	Anatis	电池驱动，可连续工作8小时，主要用于露天农田与大棚农田的锄地除草任务
Naïo	法国	植保机器人	Oz	Oz 是一款小型的除草机器人
			Dino	Dino 机器人主要用于大型蔬菜农场，进行植保除草作业
			Ted	Ted 除草机器人专为葡萄园设计
SwarmFarm Robotics	澳大利亚	喷洒机器人	SwarmBot 5	喷洒机器人主要供应澳大利亚市场，以租赁形式进入市场
Avrora Robotics	俄罗斯	拖拉机	Agrobot	可以用于控制多个机器人，在线调度多部无人驾驶车辆并控制农业生产过程，可以 7×24 小时工作，现处于试验阶段
Dot	加拿大	农机载具	Dot	可搭载超过 100 种农用工具和机械，可实现播种、农药喷洒、肥料施撒等

（二）国内应用现状

国内政策扶持措施较多，智能化农机装备迎来发展机遇。自 2016 年《农机装备发展行动方案（2016—2025）》鼓励发展智能化农机装备开始，农机装备智能化升级政策开始陆续发布，政府大力支持高端智能化农机装备的生产应用，以及农机装备科研与标准体系建设（表 8-2）。

表 8-2　自动驾驶农机相关政策

政策文件	发布时间	发布部门	相关内容
《农机装备发展行动方案（2016—2025）》	2016 年 12 月 22 日	工信部 农业部 国家发改委	大力发展智能化农机设备，在关键零部件方面，鼓励开发位姿传感器、导航控制器、显控终端等自动驾驶精确导航与精准控制设备
《中共中央 国务院关于实施乡村振兴战略的意见》（2018 年中央一号文件）	2018 年 1 月 2 日	国务院	支持发展高端农机装备制造、实施智慧农业林业水利工程
《2018—2020 年农机购置补贴实施指导意见》	2018 年 3 月 15 日	农业部 财政部	将农业终端北斗系统纳入全国农机购置财政资金补贴目录范围，推动自动驾驶农机导航设备的规模化推广
《关于加快推进农业机械化和农机装备产业转型升级的指导意见》	2018 年 12 月 29 日	国务院	加快智能农机装备科研及标准体系建设，推动智慧农业示范应用
《中共中央国务院关于坚持农业农村优先发展做好"三农"工作的若干意见》（2019 年中央一号文件）	2019 年 1 月 3 日	国务院	加快突破农业关键核心技术，促进农机装备产业升级
《中共中央 国务院关于抓好"三农"领域重点工作确保如期实现全面小康的意见》（2020 年中央一号文件）	2020 年 2 月 5 日	国务院	调整完善农机购置补贴范围，赋予省级更大自主权，鼓励各地实施灵活自主的农机补贴政策

农机购置补贴促进自动驾驶农机的推广。北斗农业终端系统已纳入全国农机购置财政资金补贴目录范围，有力推动了自动驾驶农机的规模化推广。

截至2019年上半年,已有26个省份地区开展了农机购置补贴公示工作。

国内自动驾驶农机产业链已初步形成,市场应用形成一定规模。借助政策支持,自动驾驶农机已初步形成比较完善的产业链体系,北斗导航设备、激光雷达、计算平台等上游企业与中游自动驾驶系统商紧密合作,为下游农机主机厂商配套自动驾驶系统(图8-5),并且在新疆、黑龙江等地已批量应用。据中联重机统计,自动驾驶农机每年销量3000~5000台㊀。自动驾驶系统价格为7万~8万元/套,若自动驾驶系统市场渗透率达到50%,国内农机自动驾驶的市场规模可达70亿~80亿元。

图8-5 自动驾驶农机产业链

北斗导航技术已成熟,自动驾驶系统价格逐年下降。农业用北斗终端在2015年开始使用在农机上,2016年部分省份尝试将其纳入农机补贴目录,2017年正式进入省级补贴范围,直线精度±2.5厘米的液压控制转向机及直线精度±10厘米的电动方向盘北斗导航自动驾驶系统,已在新疆、黑龙江、江苏、湖北等省/自治区得到大规模应用,技术已成熟。2016年农机自动驾驶系统刚推出时,价格为14万元左右,目前已下降到7万~8万元,降幅高达50%。

㊀ 中联重机《农机自动驾驶与智慧农业》。

农机主机厂商主要采用前装方案，后装方案主要来自于自动驾驶系统商。从技术路线来看，前装厂商一般采用电液比例阀驱动转向轮的液压方案，而由于易改装、成本低，后装厂商主要采用电机带动方向盘模拟人工驾驶的电动方向盘方案。在国内自动驾驶农业技术路线方面，大型主机厂商由于技术成熟，设计先进，主要采用前装方案，后装方案主要来自于自动驾驶系统商（表8-3）。

表8-3 主要农机自动驾驶厂商方案对比

企业名称	农机自动驾驶系统	面向市场	技术路线	自动驾驶方案	传感器配置	计算平台
中联重机	—	前装	液压	视觉+北斗导航+角度传感+IMU	1角度传感器+3双目摄像头	Apollo
雷沃重工	—	前装	液压/电动	视觉+北斗导航+角度传感+IMU	1角度传感器+2双目摄像头	Apollo
丰疆智能	疆驭农机自动驾驶系统	后装	电动	视觉+北斗导航+角度传感+IMU	2角度传感器+3双目摄像头	—
联适导航	AF300 北斗/GNSS 方向盘自动驾驶系统	后装	电动	视觉+北斗导航+角度传感+IMU	1角度传感器+3双目摄像头	ARM i.MX6
卡尔曼	千米-507 无人驾驶系统	后装	电动	北斗导航+惯导+毫米波雷达+视觉	1角度传感器+2双目摄像头+1毫米波雷达	—
司南导航	AG302 电动方向盘系统 AG600 液压系统	后装	电动/液压	北斗导航+角度传感+IMU	1角度传感器+1 IMU	—

（续）

企业名称	农机自动驾驶系统	面向市场	技术路线	自动驾驶方案	传感器配置	计算平台
合众思壮	慧农自动驾驶系统	后装	电动/液压	北斗导航+角度传感+IMU	1角度传感器+1 IMU	—

土地平整是自动驾驶农机推广的重要条件，合作社经营可以分担用户风险。一方面，目前自动驾驶农机主要应用于种植面积大的小麦、玉米、水稻等常规农作物，技术也相对成熟。土地平整不仅有利于采用自动驾驶农机，同时有利于规模化、集约化生产经营。另一方面，自动驾驶农机采购成本高，采用土地合作社经营既可以分摊高昂的设备成本，也利于提高作业效率。

三 国内产业发展

自动驾驶系统厂商联手农机主机厂，前装方式是未来发展趋势。对于主机厂商来说，前装便于对农机产品进行定制化液压转向回路改造，系统的液压清洁度比后装有更高的标准，可以有效避免后装自动驾驶系统频繁出现液压阀卡滞及液压精度下降等问题。对于用户来说，前装是工厂批量生产安装，意味着更加稳定和可靠，售后也将更完善。同时，前装免去了后装的加工、运输、人工等费用，总体成本相比后装更低。

市场初期后装发展迅速，后期前装方式会成为市场主流。美国自动驾驶农机发展初期是以后装方式为主，市场成熟后前装成为主流，目前，美国140马力以上的农机产品约80%都是前装方式。前装厂商更易形成完整的智慧农业整体解决方案，产品之间互联互通性能更优，可实现不同农作物从耕地、播种、植保、收获、秸秆处理、烘干等全流程工序。

智慧农业整体解决方案是自动驾驶农机的发展方向。智慧农业整体解决方案包括智能化、自动化的农机装备，以及农业物联网、农业大数据、农业传感网和专家智库平台（图8-6）。智慧农业可以实现小麦、水稻、玉米等农作物农业生产全程机械化，如耕地机、播种机、植保机、收割机、秸秆处理、烘干机等农机设备，并实现谷物清洁度视觉检测、自动对行、变量施肥、农产品追溯等农业新模式。目前，自动驾驶农机仍处在精准农业应用阶段，未来随着物联网、人工智能、大数据、云计算、5G等技术的应用，将逐步向智慧农业方向发展（图8-7）。

图8-6　智慧农业构成示意图

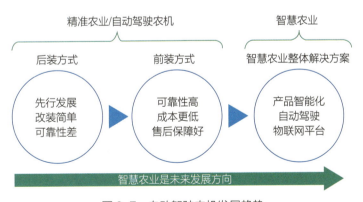

图8-7　自动驾驶农机发展趋势

四 挑战及建议

（一）挑战

农机自动驾驶导航系统已出台部分标准，但标准体系尚不完善。虽然在农业机械卫星导航自动驾驶系统方面已出台多项团体标准，如 T/CAAMM 14—2018《农业机械卫星导航自动驾驶系统后装 通用技术条件》和 T/CAAMM_ 13—2018《农业机械卫星导航自动驾驶系统前装 通用技术条件》等，但在自动驾驶导航系统技术等级、测试规范、接口协议等基础标准方面还未制定相关标准（图 8-8），导致目前的部分自动驾驶导航系统在稳定性、通用性方面不能满足实际作业要求。

图 8-8 自动驾驶农机面临的挑战

农村地区地面基站缺乏。自动驾驶导航系统需要地面基站的支持，一般差分基准站有固定式基站和便携式基站。固定式基站功率大，辐射距离可达 30~50 千米，便携式基站功率较小，辐射距离一般在 3~5 千米。农村地区基站分布少，需要建设更多基站来支持自动驾驶农机的应用推广。农村地区由于人口相对较少，基站建设密度较低，定位精度低，盲区多。而且我国大部分农田以零散、小规模居多，山区分布占比较多，基站建设难度大，成本高，不利于自动驾驶农机的推广。

自动驾驶农机规模化推广受成本限制。国内大部分省份均已出台农业用北斗导航自动驾驶系统补贴政策。各省份补贴额度集中在 1.5 万~3 万元之间，针对液压控制转向机（直线精度±2.5厘米）的补贴额度高于电动方向盘（直线精度±10厘米）（见表8-4）。农业用北斗终端价格逐年下降，但仍处于高位，限制了自动驾驶农机的大规模推广。据统计，2019年上半年有补贴销量数据的农业用北斗终端产品型号共有21款，前五款热销产品市场占比60.33%，价格集中在5.44万~7.32万元之间（表8-5）。尽管农业用北斗终端有补贴支持，但农业生产经营人员对成本很敏感，价格仍偏高，尤其是对于功率较小的拖拉机，北斗终端占整机成本较高，影响用户购买积极性。

表8-4 2018~2020年各省份农业用北斗导航自动驾驶系统最高补贴情况（单位：元）

省份（年份）	液压控制转向机，直线精度±2.5厘米的北斗导航自动驾驶系统	电动方向盘，直线精度±10厘米的北斗导航辅助驾驶系统
河北（2020）	17000	15000
内蒙古（2020）	—	19000
天津（2020）	15000（旱田） 15000（水田，±5厘米）	—
黑龙江（2019）	24900	20200
吉林（2020）	19300	18000
河南（2019）	28000	23800
湖北（2020）	25320	23400
江西（2020）	27000	23400
湖南（2019）	26000	15000
山东（2019）	14770	13000
江苏（2018）	20000	10000
上海（2019）	30000	20000
浙江（2020）	30000	20000
安徽（2020）	15000	15000

（续）

省份（年份）	液压控制转向机，直线精度±2.5厘米的北斗导航自动驾驶系统	电动方向盘，直线精度±10厘米的北斗导航辅助驾驶系统
广东（2018）	—	20000
广西（2020）	21700	21000
海南（2020）	—	20000
重庆（2019）	17000	15000
西藏（2018）	31700	21600
陕西（2020）	21300	21300

注：辽宁、山西、北京、福建没有相关北斗农用终端补贴标准，四川和云南农业用北斗终端分别补贴500元和400元，不区分精度。

表8-5　2019年上半年农业用北斗终端TOP5热销产品价格统计

排名	型号	占比	单价/万元
1	联适导航AF300	16.15%	5.50
2	约翰迪尔ATU(9006YR)	13.54%	6.47
3	雷沃重工AGCS-I	13.54%	7.32
4	合众天翔TX600	9.74%	5.44
5	惠达科技HDZN-003	7.36%	6.94

注：数据来源于农机360。

自动驾驶农机主要应用局限在黑龙江和新疆等少数省份。以应用最多的自动驾驶拖拉机为例，我国每年的市场需求量为3000～5000台，目前保有量在3万台左右。市场主要集中在黑龙江、新疆地区，江苏以及内蒙古等地区的农场和农机合作社也已开始进行自动驾驶系统的安装。

大规模推广自动驾驶农机受土地资源零散、不平整限制较大。我国土地资源呈现海拔较高、起伏较大的山地（包括丘陵、山地和高原）所占面积较多，平地（平原和高平原）所占面积较少的特点，山地与平地比例约为2∶1。山地不利于自动驾驶农机的应用推广。

（二）建议

1）建立统一的自动驾驶农机测试与评价体系。针对不同应用环境的复杂程度，推荐使用不同等级的自动驾驶农机，如新疆、黑龙江等优质地区，采用低等级自动驾驶农机，但针对土地不平整、土地不集中地区应采用高等级自动驾驶农机。围绕自动驾驶农机故障率、作业精度、作业效率、土地利用效率等方面进行测试评价，综合评估自动驾驶农机的性能。另外，对相同设备采用统一的接口协议及规范，方便零部件更换与维修以及自动驾驶农机的测试与评价，节省用户后期维护成本。

2）加强农业基站设施建设，充分利用现有存量基站。在具备条件的地区大力推广自动驾驶农机，结合当地土地规模，合理规划农用基站设施。为节省基站建设成本，充分利用现有存量基站资源。对于建设成本太高的农业地区，可推广应用便携式移动基站。

3）鼓励自动驾驶农机企业开展试点示范，探索新的商业模式。鼓励土地流转，使农村地区具备集约化、机械化种植的条件，鼓励自动驾驶农机企业开展试点示范，提升自动驾驶农机的认知度。通过试点示范不断完善农机作业性能，探索自动驾驶农机新的商业模式。

第九章
自主代客泊车

自主代客泊车（Autonomous Valet Parking，AVP）系统用于实现从停车场入口/出口到停车位之间这一特定区域内完全自主的车辆自动驾驶，因其具有行驶速度低以及特定运营场地能够最大程度地保证安全的特性，被业内公认为是最先实现落地的 L4 级自动驾驶场景。

一、自主代客泊车发展背景

（一）国家推进智慧停车场建设

城市停车场作为补短板工程被中共中央政治局会议首次提及。2019 年 7 月召开的中共中央政治局会议要求"实施城镇老旧小区改造、城市停车场、城乡冷链物流设施建设等补短板工程"。"城市停车场"作为"补短板工程"的重要内容首次被提及，停车难题上升为国家关注重点。

国家密集出台了一系列产业政策鼓励城市停车场建设及运营（表 9-1）。2015 年，国家发改委、财政部等七部委针对停车难、停车乱的问题，发布《关于加强城市停车设施建设的指导意见》，立足城市交通发展战略，统筹动态交通与静态交通，推动停车智能化、信息化。2019 年 7 月，公安部、住房和城乡建设部发布《关于加强和改进城市停车管理工作的指导意见》，加快推进停车及充电基础设施建设，盘活现有泊位资源。

表 9-1　国家颁布的智慧停车相关政策

发布单位	政策名称	发布时间	要点
国务院	《"十三五"现代综合交通运输体系发展规划》	2017 年 2 月	推进城市公共停车场建设，鼓励建设停车楼、地下停车场、机械式立体停车库等集约化停车设施，与周边空间的联动开发
科技部	《"十三五"国家科技创新规划》	2016 年 8 月	重点发展电动汽车智能化、网联化、轻量化技术及自动驾驶技术，综合交通运输与智能交通，突破交通信息精准感知与可靠交互、交通系统协同式互操作、泛在智能化交通服务等共性关键技术
交通运输部	《城市公共交通"十三五"发展纲要》	2016 年 7 月	加强城市静态交通管理。科学规划建设停车设施，支持对中心城区实行分区域、分时段、分标准的差别化停车收费政策
国家发改委、财政部等七部委	《关于加强城市停车设施建设的指导意见》	2015 年 8 月	加强不同停车管理信息系统的互联互通、信息共享，促进停车与互联网融合发展，鼓励出行前进行停车查询、预订车位等功能，提高停车资源利用效率，减少因寻找停车泊位诱发的交通需求

注：资料来源于自主代客泊车应用示范研讨会嘉宾 PPT。

地方政府也频频出台鼓励政策。2018 年 3 月北京市颁布《北京市机动车停车管理条例》，推动停车信息精准调控；2018 年 6 月深圳市发布《深圳市停车设施建设专项规划（2018—2020 年）》，启动停车设施"百千万工程"。近年各省级行政区均结合部委要求出台停车场建设、改造等落实政策，约 90 个城市颁布了 170 多个相关文件。

国家通过专项债、补贴等财政方式支持停车场建设。国家发改委印发《城市停车场建设专项债券发行指引》，推动停车产业快速发展。截至 2018 年 11 月末，募集资金共计 1009.6 亿元，用于新建或收购停车泊位超过 100 万个（表 9-2）。

表 9-2 停车场专项债发行情况统计

项　目	2015 年度	2016 年度	2017 年度	2018 年 1~11 月
核准停车场专项债数量/支	4	49	45	33
停车场专项债发行规模/亿元	40.5	688.6	421.6	287.8

注：资料来源于 wind。

各地鼓励以"政府出地，市场出资"的模式建设城市停车设施。政府投入公共资源产权，与社会资本共同开发建设，采用放弃一定时期的收益权等形式保障社会资本的收益。同时政府会给予一定建设补贴，以杭州为例，按照地面、地上、地下等不同停车位类型，分别给予每个车位 500~30000 元不等的补助（表 9-3）。

表 9-3 杭州市鼓励社会力量投资建设停车场（库）资金补助办法（试行）

停车设施类型			类型号	建设费估算/（元/车位）	补助标准/（元/车位）	备　注
地面	1	地面停车场	A	2500	500	
地上	2	地上停车 楼内停车	B	70000	17500	不同层数费用不同，取平均值
地上	3	独立机械式停车 升降横移	C	30000	7500	层数不同费用相差不大
		垂直升降（塔式）/巷道堆垛式	D	65000	16000	塔式与巷道堆垛式建安费用相近
地下	4	专用地下车库	E	122000	30000	不同层数费用不同，取平均值
	5	超配建设地下停车库	F	85000	20000	住宅、商业、办公配套的平均值
	6	附建地下机械式停车库	G	100000	25000	配建与专用费用不同，取平均值；包括地下独立钻孔机械式

注：资料来源于杭州市人民政府办公厅。

（二）城市停车困难依然普遍

城市停车位短缺巨大，我国车位配比远低于全球平均水平。截至 2019 年 6 月，中国汽车保有量已达 2.5 亿辆（图 9-1）；汽车保有量超过 100 万辆的城市共有 66 个（图 9-2），北京、成都汽车保有量超过 500 万辆。城市停车资源供给不足是停车场景的一大痛点（图 9-3），我国城市汽车与停车位的平均比例约为 1∶0.5，远低于全球平均的 1∶1.3。国内各大城市普遍存在 40%~65% 的车位缺口。

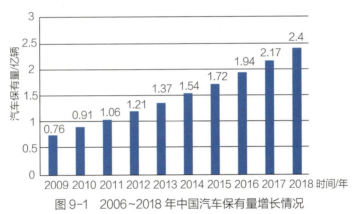

图 9-1　2006~2018 年中国汽车保有量增长情况

注：资料来源于 2019 全球未来出行大会嘉宾 PPT。

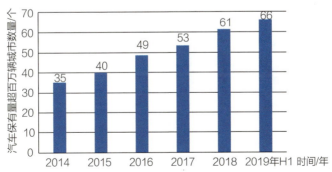

图 9-2　2014~2019 年上半年全国汽车保有量超百万辆城市数量

注：资料来源于公安部。

图 9-3　国内核心城市停车位短缺（单位：百万个）

注：资料来源于 2019 全球未来出行大会嘉宾 PPT。

停车资源缺乏统一管理，城市车位空置率高达 51.3%。目前掌握停车资源的方式依靠普查，更新频率与准确度较低，无法及时了解停车资源动态使用情况，造成车位资源信息不对称、车位空置率高。ETCP 智慧停车产业研究院分析，全国超九成的城市车位使用率小于 50%（图 9-4）；如果车位使用率提升到 80%，部分城市车位供给量将大于需求量。

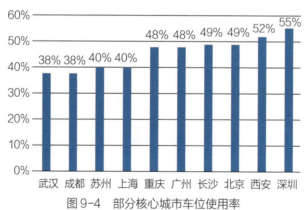

图 9-4　部分核心城市车位使用率

注：资料来源于 ETCP 智慧停车产业研究院。

由于寻找停车泊位、不合理出入口设置等问题常导致停车场周边道路拥堵。根据 ETCP 调研，30%的道路拥堵问题是由停车造成的，尤其是城市商务区、公共场馆、医院等周边。目前政府对私家车、公交等动态交通的管理比较全面，但未能覆盖到停车场等静态交通的监管，二者管理衔接脱节影响城市整体交通效率（图 9-5）。

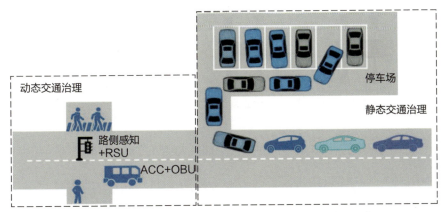

图 9-5　城市交通治理包含动态交通治理和静态交通治理两方面

注：资料来源于自主代客泊车应用示范研讨会嘉宾 PPT。

二　自主代客泊车场景价值

（一）自动驾驶与智慧停车协同

自动泊车方案已从自动泊车辅助系统发展到自主代客泊车。自动泊车方案是自动驾驶领域的一个分支，一方面整合了不同级别自动驾驶的技术，另一方面由于场地的特殊性让其商业落地成为现实。

目前，已经量产的泊车辅助系统包括自动泊车辅助系统（APA，L2 级）、远程遥控泊车辅助系统（RPA，L3 级）两类，自主代客泊车（AVP，L4 级）技术趋于成熟（图 9-6）。2019 年近 50 款车型搭配 APA 功能，在高端车型的渗透率已超过 80%，预计 2020 年平均新车装备率可达 20%。

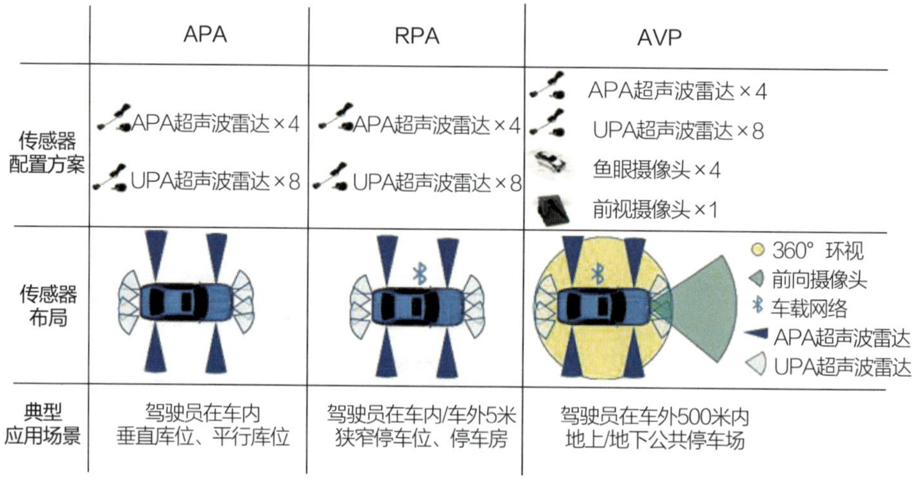

	APA	RPA	AVP
传感器配置方案	APA超声波雷达×4 UPA超声波雷达×8	APA超声波雷达×4 UPA超声波雷达×8	APA超声波雷达×4 UPA超声波雷达×8 鱼眼摄像头×4 前视摄像头×1
传感器布局			360°环视 前向摄像头 车载网络 APA超声波雷达 UPA超声波雷达
典型应用场景	驾驶员在车内 垂直库位、平行库位	驾驶员在车内/车外5米 狭窄停车位、停车房	驾驶员在车外500米内 地上/地下公共停车场

图 9-6　泊车辅助系统 APA、RPA 与 AVP 的传感器配置

自主代客泊车是指以自动驾驶的方式替代车主完成从停车场入口/出口到停车位的行驶与泊车任务。大众、戴姆勒、广汽、长城等公司都已将搭载 AVP 系统的量产车型提上日程。

自主代客泊车是停车场智能化升级与自动驾驶的最佳结合场景。停车是汽车使用环节中的一类出行服务，停车场是智能交通"最后一公里"的延续。随着智慧交通的不断深化，从高速公路、城市内交通到"最后一公里"停车场的联通效应将进一步增强。而自动驾驶的 AVP 技术，正是动态交通与静态交通联通的桥梁。

智慧停车基础设施升级将协同自动驾驶发展，符合技术变革趋势。智慧停车 1.0 时代的信息化改造，电子支付、电子管理等数字化停车方式加速推进；目前开展的智慧停车 2.0 时代的联网化改造，正在建设城市级停车平台、对车位信息统一调配、实现反向寻车等；下一阶段，智慧停车与自动驾驶、车路协同等技术深度融合，向无人化方向演进，支持无人驾驶落地，成为未来出行服务的一部分（图 9-7）。

图 9-7　停车场智能升级历程

注：资料来源于自主代客泊车应用示范研讨会嘉宾 PPT。

（二）自主代客泊车落地价值

AVP 落地将为政府、企业与消费者带来不同的价值收益（图 9-8）。从政府角度，可提升交通静态治理水平，改善城市拥堵。通过分析预测停车场周边交通状况，实现静态交通治理，可减少 20% 交通拥堵。交通部门结合静态交通数据监管，与动态交通协同规划，优化出行。从主机厂角度，AVP 作为高配可提升车辆附加值，增加销量。根据 BCG 市场调研，用户将停车轻松作为使用自动驾驶最首要的原因（图 9-9）。AVP 将是车企形成产品竞争力的新卖点，先于城市开放道路自动驾驶，率先商业落地。从停车场运营方角度，可降低成本、提升效率、增加收入。一是可缩短泊车间距，提升 20% 停车场空间利用率；二是可实现停车场统一数字化管理和调度，降低 30% 停车场运营成本；三是可以帮助停车场引流，吸引更多的车辆停放；四是可以增加单次停车收入，并增加洗车、保养等增值服务。从车主角度，可减少无效交通，解决找位难、找车难问题。用户可减少停车场内 10% 的无效交通时间，节省 10~15 分钟取还车时间，同时降低泊车难度，提升停车效率。

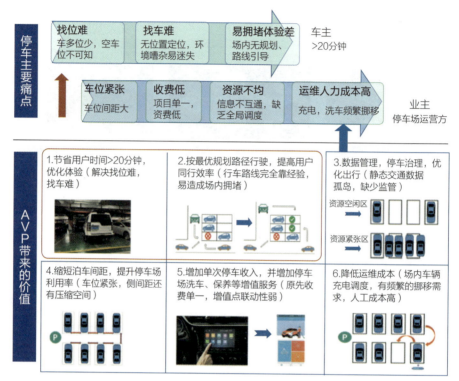

图9-8　AVP对于停车场景带来的价值

注：资料来源于自主代客泊车应用示范研讨会嘉宾PPT。

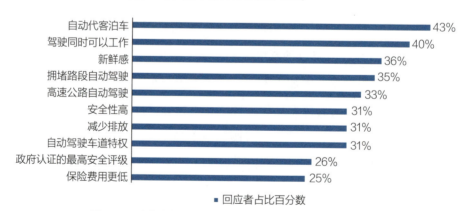

图9-9　消费者将停车轻松看作使用自动驾驶的首要原因

注：资料来源于BCG。

三、国内产业发展

（一）国内发展基础

相比于封闭场景，AVP 场景商业落地对自动驾驶意义重大。基于地理围栏与自动驾驶技术等级，乘用车的自主泊车、商用车的固定线路等场景将优先落地。

封闭场景商业价值有限，向其他场景的迁移性也有限。园区、矿区、港口等场景属于"封闭道路、固定路线、低速"，最容易落地。但受限于市场规模，商业价值并不大。同时，该场景下技术很难向"开放道路、自由路线、中高速"场景延展，对实现 L4/L5 级自动驾驶借鉴较小。

AVP 面向乘用车和出行服务市场，发展空间大。一方面，广汽、长城等公司都已将搭载 AVP 系统的量产车型提上日程，这可让 AVP 厂家在相对短期内获得营收，具备一定的自我造血能力。另一方面，AVP 直接应用在乘用车上，除车速较低外，在功能上与城市道路中高速 L4 级自动驾驶类似，有较大延展性，有望切入出行服务领域，如 Robo-taxi、汽车分时租赁等服务。

AVP 技术法律风险小，落地较快。停车场虽为开放道路，但是交通参与者较少，安全风险小。车辆行驶速度较低且车中无人，可进行急停制动等操作，技术难度较低。同时，AVP 适用于停车场限定环境，而非公共道路，法律法规障碍小；场景不存在"保乘客还是保行人"的伦理难题。

（二）国内商业化现状

不同 AVP 技术方案特点鲜明，各厂商致力推动近期商业落地（表 9-4）。当前，业内主要有三种自主代客泊车方案，即单车智能方案、强场控方案和车场协同方案（表 9-5）。近年来各厂家均发布了自家方案概念、Demo、技术方案、战略合作。

表 9-4 各厂家 AVP 领域动向

时间	厂家	动态
2018.4	小鹏汽车	发布 G3 全场景自动泊车技术
2018.6	小鹏汽车 德赛西威	自动驾驶战略合作，其中包括 AVP 系统
2018.9	阿里巴巴、博世	阿里云宣布与博世合作，在中国推出 AVP 解决方案
2018.9	上汽、欧菲科技	搭载欧菲科技 AVP 技术的上汽荣威 Marvel X 即将量产上市
2018.11	百度 Apollo	发布 Valet Parking 自主泊车合作计划，首批 9 家合作伙伴
2018.11	五菱、驭势科技	搭载驭势 AVP 系统的宝骏 E200 陆续交付，总交付量在 100 台左右
2018.11	地平线	在上海以奇瑞 Q1 车型公开测试其 AVP 系统
2018.11	禾多科技	推出 HoloParking 自动驾驶代客泊车产品，预计在 2020 年实现商业化
2019.7	百度	发布百度自主泊车解决方案，已拿到多个车企的合作订单
2019.7	Momenta	发布 Mpilot Parking 自主泊车方案，强调低硬件成本、可量产

表 9-5　三种 AVP 技术路线对比

	单车智能	强场控	车场协同
优点	对停车场设施依赖性小，具备向其他自动驾驶场景的迁移性	车端改造较少，前装落地相对容易	降低场端投资，降低车端成本
缺点	车端成本高，功能可靠性低	停车场投资大，回报周期长	未形成统一方案和标准

1. 单车智能方案

全部由车端进行感知与决策，不改造或简单改造停车场。现阶段获得车企青睐，利益相关方仅车企与解决方案提供商，落地推进难度小。

1）优点：对停车场设施依赖性小，具备向其他自动驾驶场景的迁移性。

2）缺点：车端成本高，对传感器、计算平台要求高；功能可靠性低，在停车场不标准、反光等复杂环境下受限；无法解决障碍物遮挡、定位、全局调度等刚需问题。

3）商业进展：百度、Momenta、纵目科技等已与车企开展量产合作。Momenta 依靠车规级传感器打造的 Mpilot Parking，预计 2021 年实现量产；纵目科技与一汽合作量产，预计 2020 年 9 月上市；大众计划 2020 年在大众、保时捷、奥迪量产车型上实现 AVP。

2. 强场控方案

感知与决策全部在停车场端，车辆开放控制接口。车企对于开放控制接口的安全隐患存在顾虑，商业化落地难度大。

1）优点：车端改造较少，前装落地相对容易。

2）缺点：停车场投资大，需要较高密度传感器，如博世方案 30 米距离内需布置 25 个单线激光雷达，每车位改造成本接近 1 万元；停车场投资回报周期长；需要车辆开放控制接口，较难适配多种车型。

3）商业进展：2019 年 7 月，德国政府批准了博世与戴姆勒在奔驰博物馆的地下停车场自主代客泊车许可，为未来全球其他停车场获批开了先河。

3. 车场协同方案

场端提供感知、地图定位等辅助信息，车辆完成控制。车场协同方式涉及利益相关方较多，当前还未形成统一方案，商业模式有待探索。

1）优点：降低场端投资，仅需提供辅助感知、地图定位等信息，传感器要求低；降低车端成本，可复用量产车现有传感器与自动泊车入位功能；也可为自动驾驶功能安全提供双份冗余，确保车辆行驶安全。

2）缺点：未形成统一方案，产业涉及利益相关方较多，协同困难；未形成统一标准，车场协同涉及场端改造与车端适配，产业需要统一通信、数据、地图等标准。

3）商业进展：停简单、喜泊客等停车场运营方与华为、禾多科技等解决方案商主推车场协同方案，当前尚无商用案例。

（三）国内商业化趋势

AVP 首先落地重点或在商业中心，其未来市场潜力巨大（图 9-10）。商业综合体配套停车场对 AVP 刚需最强，且最具备落地条件。商业综合体日车流量大、车位数多、停找车难、周转率高、临停占比高，示范效应大。全国约有 1 万个商业综合体配建停车场，平均车位数量将近 500 个，日周转率每天 2.2 次，90% 为临停车辆，找车时长是其他类型停车场的 4~6 倍，成为用户停车难、找车难的重点区域（图 9-11）。商业综合体配建的停车场 80% 为室内环境，具备发展 AVP 率先落地的条件。室内停车场建设标准化，光源恒定，不受天气制约（无雨雪雾极端情况），车载传感器不受影响，自动驾驶功能可稳定运行（图 9-12）。

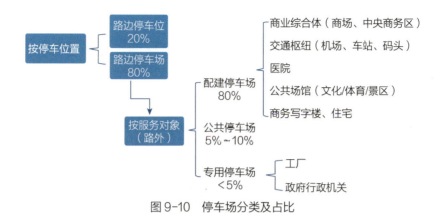

图 9-10 停车场分类及占比

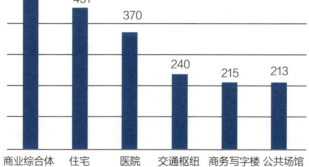

图 9-11 各类型停车场平均车位数

注：资料来源于 ETCP 智慧停车产业研究院。

分类	要 求	标准规范
车位	小型车 垂直倒车入位 5.3 米，斜列式 7.1 米	《城市建筑工程停车场（库）设置规则和配建标准》（DB33/1021—2013）
出入口	双向行驶宽度 7~11 米，单向行驶 5~7 米	
光线	车道 30≤50<75 勒，停车位 20≤30<50 勒	《建筑照明设计规范》（GB 50034—2013）
车道	双向宽度 ≥5.5 米，单向 ≥3 米；转弯半径 <15 米时，双向>7 米，单向>4.0 米	《车库建筑设计规范》（JGJ 100—2015），《城市道路交通标志标线设置规范》（DB 33/T 818—2010）
标线	停车位标线尺寸宜不小于 250 厘米×600 厘米	

图 9-12 室内停车场要求

产业链多方均可获利，AVP 未来市场潜力巨大。产业链多方均可通过 AVP 功能及服务获利。以车场协同 AVP 商业模式为例，车企可从售卖 AVP 功能或者授权费获利，停车场运营商可从收取 AVP 服务费盈利，停车场设备制造商及运营商可从停车场改造方面盈利，停车场运营商获取 AVP 云服务分成以及充电、洗车、广告等附加价值（图 9-13）。到 2025 年，AVP 市场将超过 400 亿元，包括服务费、授权费以及停车场改造收入等（图 9-14）。

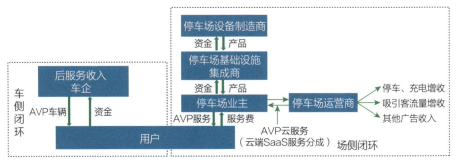

图 9-13　车场协同 AVP 方案商业模式案例

注：资料来源于自主代客泊车应用示范研讨会嘉宾 PPT。

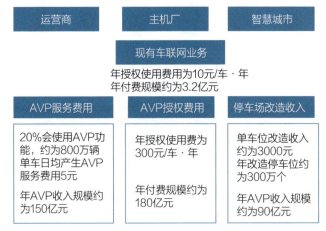

图 9-14　AVP 市场规模预测

注：资料来源于自主代客泊车应用示范研讨会嘉宾 PPT。预计 2025 年全国机动车保有量约为 4 亿辆，20% 具备智能网联能力，约为 8000 万辆，其中 50% 具备智慧停车服务，约为 4000 万辆。

1）运营商。AVP 服务费年收入规模约 150 亿元：2025 年全国机动车保有量约为 4 亿辆，其中约 2% 具备 AVP 功能，约为 800 万辆，单车日均产生服务费 5 元，年收入 150 亿元。

2）主机厂。AVP 授权费年收入规模约为 180 亿元：现有车联网业务年授权费用为 10 元/车·年，年付费规模约为 3.2 亿元。AVP 授权使用费 300 元/车·年，年付费 180 亿元。

3）智慧城市。停车场改造收入约为 90 亿元：单车位改造收入约为 3000 元，年改造停车位约为 300 万个。

四、挑战及建议

（一）挑战

1）法律法规尚不完善，无法支撑 AVP 商业落地。国内暂无法律明确界定自动驾驶车辆能否行驶于 AVP 特定场景。德国面向奔驰博物馆颁发的自动代客泊车许可，是基于《维也纳公约》中规定私人停车场业主方有权定义车辆行为是否合规。而国内尚不允许量产无人驾驶车辆上路，在停车场环境的 AVP 无人驾驶，法律适用范围、事故责任划分均无明确规定。AVP 高精地图信息采集与定位受到限制。现行法律法规要求不能采集高程点、等高线及数字高程模型等，这对停车场同样适用。

2）停车市场集中度很低，管理主体复杂。国内停车场所有权分散，尚未实现产业化。国外停车资源主要掌控在少数停车集团中，较容易与停车集团共同做相关推广。但是国内情况不同，停车场是碎片化的，有很多特殊的利益方。AVP 在停车场渗透推广相对更困难，更费时费力。停车管理主体复杂，不利于AVP产业的协调推进。国内停车位分为两种，居住车位和出行车位。停车难更多体现在出行车位上，不同类型车位管理主体也不相同，涉及多个政府部门。大楼停车场由住建部管理，画线停车场由公安部管理，路边停车场由交通部管理，增加了AVP产业协调推进的难度。

3）缺少AVP完整功能及安全的新型认证机构。德国批准的AVP许可，对安全无人驾驶系统的定义是关键。博世与戴姆勒联合政府通过莱茵集团（TÜV）作为第三方认证机构，三方经过多轮讨论，推导了近1000种测试场景后，认定AVP技术的安全性要比人泊车高30%。国内暂无专业的认证机构。目前难以实现对AVP安全、技术及体系进行测试与评价，以保证无人驾驶汽车产品的安全性及市场准入。

4）缺乏商业模式定义，未能形成利益共同体。AVP产业界尚未能达成共识，商业模式不够清晰。产业链伙伴分工不清晰（停车场/场侧集成商/技术方案供应商/主机厂/Tier1/高精度地图图商等），价值链利益分配不明确，缺乏产业共识和明确定义。整车厂以增加汽车销量为主要目的，不关心停车场如何进行改造；停车场加装智能化设施，对AVP技术了解较少，投资意愿低。

5）现行标准不足以应对AVP带来的挑战。目前暂无AVP停车场建设标准。停车场个体差异大，有很多异构的环境，比如爬坡、上坡、下坡、转角、柱子墙、盲区，目前缺乏兼容的标准和技术，能够使智能化停车场满足不同的AVP停车需求。现行通信标准不足以应对AVP带来的挑战。停车场内使用哪种通信技术能保持可靠的V2X通信，使用哪项通信协议，如何打通通信链路，如何保持可靠的V2X通信能力还尚无定论。

（二）建议

1）完善现行法律法规，为AVP提供适宜的法律环境。应深入分析现行道路交通法规、与车辆相关的法律法规，适用于 AVP 技术的，在方案设计过程中就去考虑，对于不支持或明确禁止的，可在不影响国家安全的情况下在 AVP 商业试点区域内放宽政策限制，如开放停车场高精度地图信息，允许 AVP 汽车在商业试点进行无人驾驶等。

2）达成产业共识，建立 AVP 生态圈（图 9-15）。AVP 涉及多个利益相关方，需要跨行业、跨部门达成共识，通力合作推动产业化落地。

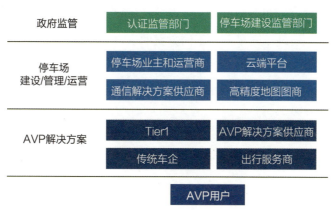

图 9-15　产业伙伴通力合作，建立生态圈

注：资料来源于主代客泊车应用示范研讨会嘉宾 PPT。

政府监管：①建立 AVP 产业专业认证机构，保证产品安全与市场准入。可参考德国经验，进行 AVP 技术与安全性检测。②建立事故回溯与责任界定机制，保障用户权益，规范市场发展。

停车场建设/管理/运营：①规范停车场设备与车辆之间接口、停车场设备与传感器间接口、标志标牌等；②构建停车设备与云端平台；③更新与分发停车场高精度地图。

AVP 解决方案：标准化 AVP 泊车场景，并与停车场侧操控指令接口打通。

AVP 用户：用户与云端平台建立指令接口。

3）开展 AVP 商业试点示范，发挥示范应用效果。自主代客泊车较为复杂，短期内政府出台普适性的法规难度较大。建议先对一部分企业和停车场，发放特许的 AVP 试点许可，加速技术的成熟与应用。在北京、武汉等部分大城市展开商业试点，通过示范运营积累数据，不断地进行测试验证与优化，推动全国 AVP 产业落地。

4）推进 AVP 标准制定，引导产业发展。在商业试点建立 AVP 相关标准，通过前期验证标准的可行性，结合实际运行经验，逐步完善相关标准，最终制定全国标准，实现不同车系、不同方案的 AVP 技术在不同城市均可应用。

第十章
总结与展望

自动驾驶经过最近十多年的发展，从技术、产业到政策监管都有了长足的进步。尤其是在疫情期间，受到新冠病毒影响，民众对于无接触配送有了很大需求，加上各城市要求民众驻足，劳动力有所短缺，更是需要自动驾驶提供支持。同时道路上车辆比较少，行人也比较少，管理部门对自动驾驶车辆上路也开了绿灯，国内外众多自动驾驶公司利用技术优势为医院、小区、写字楼等配送医疗物资及生活必需品。在抗击疫情的情况下，自动驾驶的商业化拥有了很好的验证环境。

一、总结

（一）无人出租车

1）技术与成本双重驱动无人出租车发展。首先，技术上逐步从"有人"向"无人"迭代。美国、荷兰和日本等已经开始允许开展无安全员的测试，其中 Waymo 已经开始在亚利桑那州向其早期的种子用户提供没有安全员的无人出租车服务，并在加州部署 30 辆无安全员测试车辆；国内的一些企业也开始向真正的无人出租车进行尝试。其次，成本快速下降到百万元以内。改装原型车辆价格下降，从林肯 MKZ、捷豹 I-Pace、沃尔沃 XC90 等开始像亲民的东风日产轩逸、广汽 Aion LX、现代 Kona 等变化。激光雷达成本大幅下降，随着禾赛科技、速腾聚创等国内品牌工艺进步逐步替代国外 Velodyne 等品牌，价格下降到原来的 1/4，甚至于 1/10。随着技术成熟与采购量增加，部分已可控制在百万元以内，这是未来大规模应用的重要基础。

2）各企业也在开展面向普通民众的商业示范。随着无人出租车与人们日常出行习惯的融合，更多普通民众已经能够接触到无人出租车服务。从点到点服务到在区域内上下车，从面向公司的员工、客户等特定人群到面向公开人群，从免费测试到收费尝试，从专业 APP 到百度地图、高德地图等日常 APP，无人驾驶出租车正在向普通的出行服务一步步靠拢。

（二）干线物流

1）干线无人物流落地难度并不比无人出租车小。重型货车不允许紧急制动，且由于车辆较长（一般在 8 米以上），定位技术复杂。重型货车在高速发生事故更为严重，因此对安全要求高。种种难度也使得京东、菜鸟、优步等砍掉无人重型货车项目。

2）未来系统与驾驶员协作更容易商业化。相比于无人出租车，干线物流更不容易去掉安全员。在实际商业应用场景中，干线物流不止在高速公路上行驶，还包括上下高速之前的不同城市的市区道路、进出物流园的封闭园区道路等，端到端的物流服务相比于无人出租车道路环境甚至更多样，更不易去掉安全员。这也使得各家公司 L4 级货车量产计划不断推迟，同时 L2/L3 系统同步研发加快，比如，2019 年智加科技推出 L2 级货车，2020 年嬴彻与东风商用车完成 L3 重型货车 A 样车验收。未来，通过自动驾驶系统与人类驾驶员共同协作完成干线物流以实现降本增效的目的将更容易商业化。

（三）末端配送

一方面，无人配送车的三大核心零部件（激光雷达、线控底盘与计算平台）逐渐国产化，成本的快速下降推动量产提上日程。另一方面，京东、新石器、智行者等领先企业已部署百余台测试车辆，技术充分验证，已开始小批量生产，并计划三年内量产。

目前，末端配送最尴尬的问题是"无人配送车辆"游离于现行交通监管体系之外。从现行交通法规来看，对于"无人配送车辆"属性难以界定，对于其属于机动车还是非机动车，或是机器人尚无明确定义。需要联合行业与管理部门沟通，尽快研究道路测试准入体系，并制定相应交通与行政管理办法。

（四）无人环卫

无人环卫目前多以提供服务为主。领先企业技术有一定的成熟度，并开始组建自己的环卫车队，为整个城市、整个环卫公司提供相关的服务。以目前无人环卫的成本水平来看，相比于普通的环卫，平均每月每千米的成本要高 1 万~2 万元，即 1 千米的开放道路实现无人环卫每年将增加成本 10 万~30 万元不等。未来随着整个无人环卫技术的迭代及成本下降，才有可能真正大规模推广无人环卫的应用。

（五）无人公交

无人公交产业整体的技术和产业链成熟程度还不够。包括 Easymile、Navya、百度等领先企业均处在探索阶段，基本都是在 1~3 千米的简单环境上

运行。另一方面，由于公交车属于公共安全的范畴，对于技术的要求非常高，且商业回报率相对于无人出租车、干线物流、无人配送更低，自动驾驶技术领先企业鲜有在此领域发力。

（六）封闭场景物流

封闭场景下已经具备了初步应用的基本条件。一方面，由于道路环境相对简单，硬件要求较低，成本较低。另一方面，整个环境下车辆比较少，自动驾驶与遥控驾驶混合，遇到特殊状况方便远程接管。特定场景区域相对可知可控，高精度地图绘制和更新要求低。从法规角度来看，矿区、港口、机场等区域内的车辆可作为"工程设备"管理，不需要遵守《中华人民共和国道路交通法》，限制比较少，而且车辆往往归属同一主体，出现了交通事故解决起来也会比较容易。

这些封闭的场景物流有自身的局限性。第一，市场空间有限。我国总共有300多个港口、2000多座矿山、200多个机场，市场占领完之后就没有再进一步扩展的空间。第二，技术的可迁移性比较差。受制于整个矿区、港口和机场各个场景自身的特点，对传感器有特殊要求，比如矿区需要除尘土、港口需要耐腐蚀等。封闭场景下的自动驾驶解决方案很难复制或者迁移到其他的场景，面向公开道路的场景时技术难以适用。

（七）无人农机

无人农机面临的场景简单且存量市场巨大，随着农场的集约化管理，有向好的趋势。但无人农机技术的研发与大面积应用，还有一段漫长的过程，需要花大力气进行攻关和推广。相较于迪尔、凯斯等知名国外品牌，国内企业的脚步相对落后，需要自动驾驶企业与农机生产企业之间加强合作、共同攻关。

(八)自主代客泊车

目前,自主代客泊车存在的最大问题是停车场和主机厂间发展节奏非常不协调。停车场担心建了 AVP 停车场后没有足够多的车辆使用该车位,而主机厂担心生产出来的车辆没有合适的停车场允许停放,这些因素制约着两侧的发展,使得自主代客泊车落地遇到困难。

基于产业发展趋势,有望通过场侧"覆盖率"带动车侧"渗透率",未来自主代客泊车的商业节奏可能会分为三步。首先,围绕单车智能路线的高端车型,在住宅或者写字楼的固定车位先实现 AVP。其次,在车辆比较多、周转率比较高的商超、交通枢纽、医院等地方逐步升级 AVP 停车场,随着这些停车场覆盖率的提升,带动 AVP 车辆渗透率的提升。第三,当 AVP 车辆渗透率达到 30% 的时候,就会拉动 AVP 停车场的建设。这是未来整个 AVP 商用的节奏。

二、展望

(一)汽车成为智能移动终端

随着自动驾驶技术的成熟及大规模商业化应用,未来汽车产品将不单是提供运输通勤服务的交通工具,而将成为具有基础运输功能的智能化移动终端。自动驾驶功能彻底解放了驾驶员的双手,让驾驶员不必浪费时间去驾车,可以节省更多的时间用到工作、学习、娱乐和休息上来(图 10-1)。

未来自动驾驶汽车的设计与生产将打破传统模式向定制化的智能制造转变,自动驾驶汽车自身具有移动私人空间的属性,可以被打造成提供多种服务的智能化移动载体,未来移动的办公室、移动的会议厅、移动的餐厅、移动的酒店、移动的电影院等场景都将依托自动驾驶汽车得以呈现，消费者能够在出行过程中享受到以往在固定场所才能享受到的服务。

图 10-1　自动驾驶智能运输终端

（二）汽车产业生态迎来重构

从产品本身来看，传统燃油汽车的核心零部件以发动机、变速器和传动系统为主。未来自动驾驶汽车将以电动汽车作为最佳载体，其核心零部件将以电机、电控、电池以及自动驾驶系统为主。

自动驾驶功能将逐渐成为汽车的标配，波士顿咨询公司预计到 2035 年，全自动驾驶汽车将占全球新车总销量的近四分之一[一]，而应用于特定场景的自动驾驶汽车还会更多。由自动驾驶汽车快速发展带来的产业变革，将使得汽

[一] 波士顿咨询公司．科技颠覆人类出行，车企利润何去何从．

车产业生态体系由传统汽车零部件逐渐向电动化、智能化、网联化等趋势转移，自动驾驶系统所需的摄像头、激光雷达、计算芯片、人工智能算法、车联网技术等将成为产业链的核心（图10-2）。

图10-2 传统燃油汽车核心零部件

新型产业链体系将取代传统燃油车零部件体系占据主导地位，主打"三电"核心技术以及自动驾驶关键零部件的企业将会被推入产业链顶端，所延伸出的二级零部件企业和上游相关原材料企业也会从中受益进入汽车产业链，整个汽车产业生态体系将迎来重构（图10-3）。

（三）生产方式向智能制造转变

未来自动驾驶汽车将会由大数据驱动，大数据的反馈、分析使得汽车可以依照消费者的出行习惯及个性化需求进行定制化改造、优化配置，实现产

图 10-3　自动驾驶电动汽车核心零部件

品按需设计,减少不必要的功能和成本浪费。

从应用场景来看,自动驾驶汽车可以分为物流用车、园区通勤用车、网约车、私人用车等。若从功能来看,未来自动驾驶汽车又完全可以分为会议型、旅行型、餐饮型、休闲型等覆盖多种服务类型的产品。应用于不同场景、不同城市中的自动驾驶汽车对产品的技术要求就有所不同,而具有不同功能、面向不同类型消费人群的产品要求又有所不同,比如干旱多风沙的城市与多雨潮热的城市对车辆的技术要求就不同,而在居民日均出行距离较短的城市,就没有必要提供长续驶里程、高成本的网约车辆。多样化的产品形态使得自动驾驶汽车难以采用传统流水线式规模化的生产方式,未来将向多品种、小批量的智能制造转变。

（四）未来出行以共享方式为主

汽车智能化、网联化的发展变革使得自动驾驶汽车快速发展，而随着共享经济的发展，顺应消费者需求的共享用车模式迅速涌现于市场。在未来出行的场景中，自动驾驶汽车与共享出行的融合发展将会是必然趋势，自动驾驶汽车会不断采集场景数据，基于人工智能对大数据进行深度学习和分析，从而令未来出行更加智能、安全和高效。自动驾驶+共享出行是未来出行的终极形态，将会引起未来交通出行结构的调整与优化。托尼·西巴预测从2021年开始，基于电动化、无人驾驶汽车的共享出行方式将会逐步普及[一]。自动驾驶汽车共享出行替代私人用车将成为未来交通出行的主流形态，按需付费的用车方式将成为常态。

随着自动驾驶汽车的大规模商业化应用，未来出行方式将以共享出行为主，私家车将大幅减少。美国密歇根大学交通运输研究所的研究显示，一旦采用自动驾驶汽车，美国汽车保有量最高将下降43%[二]。与购买私家车相比，使用共享汽车有更高的成本效益。

（五）产业生态位将发生变化

产业生态体系的重构也将带来产业生态位发生变化（图10-4）。一是整车企业将不再成为产业的绝对主导者，汽车品牌将会弱化，居民出行将更加注重出行服务商的服务能力及品牌，未来整车企业或将出现两极分化，一方

[一] 托尼·西巴。2020~2030年交通运输行业再思考。
[二] 无人驾驶将如何改变我们的世界，你真的知道吗？https://www.lieyunwang.com/archives/139654。

面凭借自身技术方面的核心能力固守在传统汽车核心领域，另一方面是向服务转型，为市场提供基于出行服务的优质价值。二是解决方案供应商的产业生态位逐渐提升，新型的供应关系将出现，传统 Tier1、Tier2 供应商界线趋于模糊，共同成为新的解决方案提供商，汽车制造商与解决方案提供商的供应关系由传统的采购、订制、合作开发等形式向新型供应关系转变，解决方案提供商或将扮演 Tier0.5 的角色，与整车厂掌握共性与个性的技术。三是自动驾驶汽车出行服务商将主导产业发展，出行服务商拥有用户的数据，掌握用户的一手需求数据，从需求侧主导汽车设计，以便定制化地打造真正适合市场应用的自动驾驶汽车，从而获得更大的用户市场。

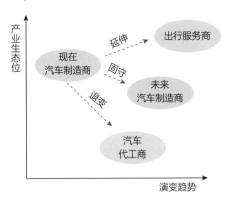

图 10-4　整车企业产业生态位变化趋势图